想像を絶する悲惨な現実がいっぱい!

外資系金融マンのリストラ日記

六本木健
Takeshi Roppongi

PHP

◇はじめに

外資系金融機関に勤めていたころ「すごいですね。かっこいいですね」なんてお世辞を言われて調子にのっていた時期もありました。そのときは「いやあ、そうはいってても中は地獄で、色々大変なんですよ」なんて受け流していたものです。

日本の会社にいて、外から見ていたときは外資系の人達がまるで夢の世界の住人のように見えていましたが、いざ就職してみると、「なんじゃこりゃ！」というのが実感でした。

まさに、芸能界に入ってみたら魑魅魍魎《ちみもうりょう》の世界で、稼ぎは全部プロダクションに持ってかれた、あげくのはては犯罪行為で検挙！　なんて話となんら変わりません。そうはいっても慣れというのは怖いもので、だらだらと15年もその世界にいたわけです。そんな世界を皆さんにご紹介しようと思います。特に金融機関というのは日本では社会的地位もありお堅い商売という認識が強いので、外資系と日本企業の違いは際立って目立つわけです。

会社の中で繰り広げられるこっけいな人間模様。本社との争い、信じられない給料の決め方などみなさんがびっくりするような話をたくさん集めましたので、気楽に読んでみてください。びっくりしたり笑ってしまったり、しんみりしたり、そんな気持ちになっていただければと思います。

昔私の上司が「ここは動物園みたいなもんだからな」と言っていたことがあります。外資系が動物園？　そうなんです、猛獣からか弱い小動物までが檻の中にごっちゃに入っているのと一緒なんです。そんな中で生き残るにはそれなりの処世術とストレスに耐える心臓が必要です。

さあ、みなさんもジャングルクルーズに出かけましょう！　きっと面白い動物にあえますよ。


（ご注意）本当の外資系金融機関の実態をお知りになりたければ、この本と同時にきちんとした本でリサーチをしてください。この本だけで就職活動をするのはお勧めいたしません。

２０１０年１月

六本木　健

想像を絶する悲惨な現実がいっぱい!
外資系金融マンのリストラ日記◉目次

はじめに　3

第1章　「その日は突然やってきた」

突然呼ばれた会議室　14
名刺も私物も取り上げられて　20
「高額割増退職金」のワナ　23
怒りの「お元気ですか?」メール　26
メールと郵便物を勝手に開封　30
飛び交う「噂」と思惑　31

外資系リストラの方程式：能力のある人ほどクビになりやすい！ 33
結局出されちゃいました。その後の生活について 35
業界から完全撤退する気でないと争えない厳しい現実 37

第2章 外資系に入った日

外資系が輝いて見えた日々。バブル崩壊と失われた10年の中で 42
ついに決めた転職、引き留められない悲しさ 46
転職決めたとたんに「裏切り者」扱い 47
「すずめの涙」の退職金、たかが年金されど年金 48
自由と引き換えに「一寸先は闇」、こつこつと金の亡者になって自己防衛 50
驚きの連続、消耗の日々 53
本国からみると日本人は「現地スタッフ」 57

第3章　ヘッド・ハンターは気楽な稼業ときたもんだ

ヘッド・ハンターという名のお仕事（この人達は、いったい何をやっているのか？）　62
いったいどのくらいもうかるの？　66
独立系と大手の違い　68
役にたつようで、役にたたない部分　70
リーマンショックが生んだ悲劇　73
後日談、気楽な稼業も今は昔　75

第4章　外資系会社の内幕

外資系会社の内幕　82
外資系金融会社の給料ってどのくらいなの？　82
外資系の年収ってどういう風に決まるの？　87

日本の会社と大違い！　外資系のボーナスの仕組み　92
ボーナス協奏曲、ボーナス時期は誰も働かない!?　94
人事部は形だけ？　最終決定はラインの責任者　98
出世と昇給　100
外資系金融機関のファッション　101
意外にウェットな外国人の精神構造、気配りは日本の会社以上に必要　104
ヘンな日本人の集団（コウモリ軍団）　106
まだいた絶滅種「外資お局マダム」　109
ずる休みの名人　114
英語がうますぎる馬鹿（語学バカ）と全然ダメな馬鹿　118
とんでもないエリート社員　126
恐怖のアマゾネス　129
アマゾネス、朝の一コマ　132
正月の風物詩　135

リーマンショック後のアマゾネス 136
社長列伝　無能な社長ほど長続き 138
本当にいた!?　逆セクハラ女 142
MBA(M：まるで、B：馬鹿な、A：阿呆) 150
外国人だって負けちゃいない、まさに「ヘンな外国人」のオンパレード 153
入って成功する人、ダメになっていく人 159
お財布の中身は火の車？　60過ぎてみないとわからない 160
夜昼なんてありません！　時給になおしたら日系のほうがお得？ 166

第5章　さすらいのハローワーク

雇用保険の矛盾、高額所得者はかけ損？ 170
さすらいのハローワーク 172
国民年金は、なんて高いんだ！ 177

税務署怖い！　地方税の取り立ての過酷さ　178
家を追い出された！　181
「パパどうしたの？」　183
アウトプレースメント・カンパニーという会社　188
根拠なき「自信」50過ぎれば、みんな一緒？　191
面接も大変だ、倍率急増！　193
国会図書館は便利なところ　196
健康は大事です　201

第6章　明日を目指してがんばろう！

真剣に見直すライフプラン　208
早い引退、本当にいいのか悪いのか？　215
未来へ向けて　218

第1章　「その日は突然やってきた」

◇突然呼ばれた会議室

朝から忙しくなる予感がしていました。

2週間前に海外出張から帰ってきて、何もかもバタバタしている中、いつもと同じように満員電車に揺られて会社に向かいました。ほかの人と違ってタクシーなんかで会社には行きません（中には本当に毎日タクシーで来るやつがいるんです！　もったいない……）。

会社にたどりついても、いやな感じの不安がぬぐい去れない日でした。

そうなんです。何とも居心地の悪い日々が続いていました。

原因はリーマンショックです。２００8年9月に米国の大手証券会社リーマン・ブラザーズが倒産したのです。原因はサブプライムと呼ばれる米国低所得者向けの住宅ローン債権で大きな負債を抱えたためです。

なんだか難しそうに聞こえますが、いわゆる「米国版金融バブル崩壊」の始まりで

秘書
支社長が下の会議室に来てくれと言ってます
人事部長
キョロキョロ
支社長
あなたのポストは社内になくなりました
えーっ!? そんな突然
オーマイガーッ
PANIC!
そんな急に言われても!
この条件に不満があれば話し合いを続けますが……
話がつかない場合は……
ぐったり…
条件をのめなきゃ放り出すぞ!ってことか……

す。この事件がその始まりを示す「のろし」だった訳です。日本人はみんな能天気にそんなことが起こっているとは気づいていませんでした。いや、たとえ気づいていたとしても「対岸の火事」だったのです。

実は海外に出張したときは、彼ら（本社の人たち）もピンときていませんでした。ただ私のボスから別室に呼ばれ、

「どうもアメリカの様子がおかしい、異常だ。おまえも気をつけろよ」

「えーっ！　日本は全然そんなことないですよ。うちの会社はこういうときに強いんだって、支社長がわめいてます」

「バカ野郎。あいつはお坊ちゃまだから何もわかっちゃいない。とにかく気をつけろ」

「わ、わかりました」

と、こんな会話をしていました。

正直、自分にことがおよぶまでは、私にとってもまったくの「対岸の火事」で、友人と飲んだときには「もし、なんかあったら退職金ふんだくって辞めてやる！」なんて、不謹慎なことも言ってました。が、それが現実になってしまったわけです。

朝8時に出勤、メールをチェックして、1階のコーヒー屋へ。ちょっと一息ついてスケジュールを確認したところで、突然秘書から「支社長が下の会議室に来てくれと言ってます」と言われました。

てっきり、現在計画中のプロモーションの件か、万が一でも担当者のクビ切りの相談か、とタカをくくっていたので、いつものように会議室へ直行しました。立派なドアをギーっと開けるとそこには、顔面蒼白の支社長と人事部長がぽつんと座っていました。

今思い出しても実に滑稽な、そして異様な風景でした。人事部長は目をきょろきょろさせて落ち着かない。支社長はどう考えても小便をちびりそうに動揺していました。

震える声で人事部長が切り出しました。

「実は、今回の件で会社側があなたの担当する事業を大幅縮小することになりました。したがってあなたのポストは社内になくなりました」

そーらきたぞぉ……しかし本当に突然だね。

続けて、支社長が「まことに残念ですが、そういうことなんで……」

（おまえ、支社長ならもう少しまともなこと言えよ、目がうるんでるぞ。不倫している彼女に嫌われるぞ！）

その後は、支社長は一言もしゃべらず、人事部長が淡々と退職の条件を説明します。私のほうは、人事部長の説明もあまり聞かず、意外に冷静と退職金の金額を確かめました。その金額は実に多くもなく、少なくもなく、ちょうど1年間なんとか食っていけるか、という微妙な金額です。

こういったとき彼らは、必ずこんな説明をします。それはまさに「アメとムチ」。たぶんどこの会社も変わらないかな、と思います。

まず、最初にアメが与えられます。

「会社としては、あなたを手放すのは非常に残念かつ申し訳ないと思っている。だから最善を尽くします（かといって決して金額をはずむというわけではないのです）」

「現在の提示が会社として最善のものです。どうかこれを受け入れて（自分から）退職する、と言ってください」

そしてムチです。

「この条件に不満であれば、話し合いを続けさせていただきますが、契約書にある期限までに話がつかない場合は、規定の退職金を支払って解雇させていただきます」と、こうです。要は「条件をのめなきゃ放り出すぞ」、というわけです。そんなことは法律上できません。実際は弁護士を使って退職金をつりあげたりするケースもありますが、この場合、同じ業界での再就職はかなり難しくなるというのが慣例で、場合によってはそれがおどし文句に使われることもあります。

私は「御主旨はわかりました。残念です。私が会社に残るような方法は考えられないのですか?」と切り出します。これも切られるほうの常套句です。

つまり、自分は「会社に残りたい」と言い続けることが交渉にとって大事なことなんです。これによって条件闘争が始まるのですが、実はこれは泥仕合の始まりでもあります。この一言「会社に残りたい」を発して以降、部屋に閉じ込められて「一歩も動くな」と言われたり、配置換えされて草むしりの毎日なんていうひどい仕打ちにあった人もいるそうです。

どんな弁護士さん、労働組合の方に聞いても決して「辞める」と言ってはいけません、と教えられますが、実際は非常に難しいことです。それ以後の人生をすべてかけて

「闘争」するならいいのですが、そんな無茶はできないので、たいてい「へなへな」と条件をのみます。

これが現実です。この間、約30分。私が終わると、その後は私の部下に順番に話が回っていきました。

◇名刺も私物も取り上げられて

退職の話をされた際、最も強烈だったのは、「もう部屋に戻るな、荷物は全部家に送る」と言われたことです。

えーっ！　このやり方は米国で証券会社の売り子（株式などを販売する人の俗称）が客のリストを持ち出したり、会社の重要資料を持ち出さないよう、一時はやっていた方法です。でも、あまり行儀のよいものではありません。

まさか、こんなことするなんて……。要は突然呼ばれて裸で放り出されるわけです。

人権侵害も甚だしいのですが、米国でのやり方に慣れた人達はこれをしてしまいます。

もう部屋に戻るな！
荷物は全部こっちで家に送る！
せめて、私物だけでも……
ダメ！ダメ！
突然、呼ばれて裸で放り出すというのが
帰れ！
ぽいっ
あ〜れ〜…
外資系金融会社のやり方です
でも、これって
あまり行儀のよいものではないね…
ぐぐっ…
プライバシーの侵害では？

ただ、当然会社に私物も置いてあるわけですし、私物を会社の権限で勝手にいじくることはある意味プライバシーの侵害です。

こうして、さながらハリウッドのサスペンス映画の主人公のように突然道端に放り出されて、呆然と立ち尽くしていました。ふと我に返り「昼飯のアポイントはどうしよう?」と考えて秘書に電話したところ、「急病」ということですべてアポイントをキャンセルしたそうです。あきれかえりますよね。

私はその後、街をふらふらと徘徊した後、マンガ喫茶にかけこんでいろいろ連絡をとろうとしましたが、名刺・住所録ファイルをすべて取り上げられたので、どうしようもありません。寝転がってマンガなんて読んでみたらよけい不愉快になってきました。その後会社の中にいる人から連絡が入って、私の部下も含め数十人が次々と呼ばれて同じような目にあい、それは翌日まで続いたそうです。

おかしかったのは、それだけクビ切りをしたのに、支社長車はそのまま残し、外国人社員の給与カットもしていないということ(外国人社員はエキスパットと呼ばれ、教育費、家賃、帰国費用等を会社で持つので、通常同レベルの日本人の給与の3倍はかかります）。

数日たって自分が「とかげのしっぽ」だったことに気づかされました。とはいえ、すでに起こってしまったことはしょうがない。家に帰って「やられた」と話すと、家人はいたって冷静でしたが、「子供とおばあちゃんには言えないわね」という答えが返ってきました。

そりゃそうだ！　私も一瞬にして「失業者」が直面するつらい立場に追い込まれた訳です。

◇「高額割増退職金」のワナ

ここで、みなさんの素朴な疑問にお答えします。

「外資系ってクビになっても悠々自適じゃないの？　だって退職金がすごいんでしょ？」

うーん、違うんです！　正確にいうと、通常の世間様のレベルよりは高いですが、かなり不利なんです。

まず、あくまでも世間相場としてお話しすると割増退職金は、どうも6カ月前後が平均のようです。3カ月しか出なかったというケースも聞きますし、一方でなんだかんだで1年分出た、というケースもあるようです。もらい方も現金で退職金として渡されるケース、給与として支払われて、たとえば「6カ月は給料を支払うから、家で求職活動をしてください」というケースがあります。

こうした場合外資系の給与体系というのは非常に不利です。なぜなら退職金はあくまでも基本給（ベース給与）をもとに支払われるからです。

たとえばAさんの昨年の給与が2000万円あったとします。この場合、基本給部分は日本の会社だと概ね1500万円前後かもしれませんが、外資系の場合基本給が900万円くらいのケースが多いのです。つまり、外資系はボーナスが高くて基本給が安いのです。この場合、6カ月分の割増退職金をもらったとすると、900万円の6カ月分しか出ませんので、実際には額面450万円。しかも転職して短い期間だと退職金税制の優遇幅は極めて低く、状況により異なりますが、たぶん3割くらいが税金で消えてし

図表１　年収1000万円以上のサラリーマンが支払う推定税金

額面年収	推定支払税額（地方税込）	税引き後の年収	給与所得控除額（推定）	課税対象額	税率	税額	税額控除	地方税（10%）
5,000	1,904	3,096	420	4,580	37%	1,695	249	458
4,000	1,457	2,543	370	3,630	37%	1,343	249	363
3,000	1,011	1,989	320	2,680	37%	992	249	268
2,000	569	1,431	270	1,730	30%	519	123	173
1,000	201	799	220	780	20%	156	33	78

（単位：万円）

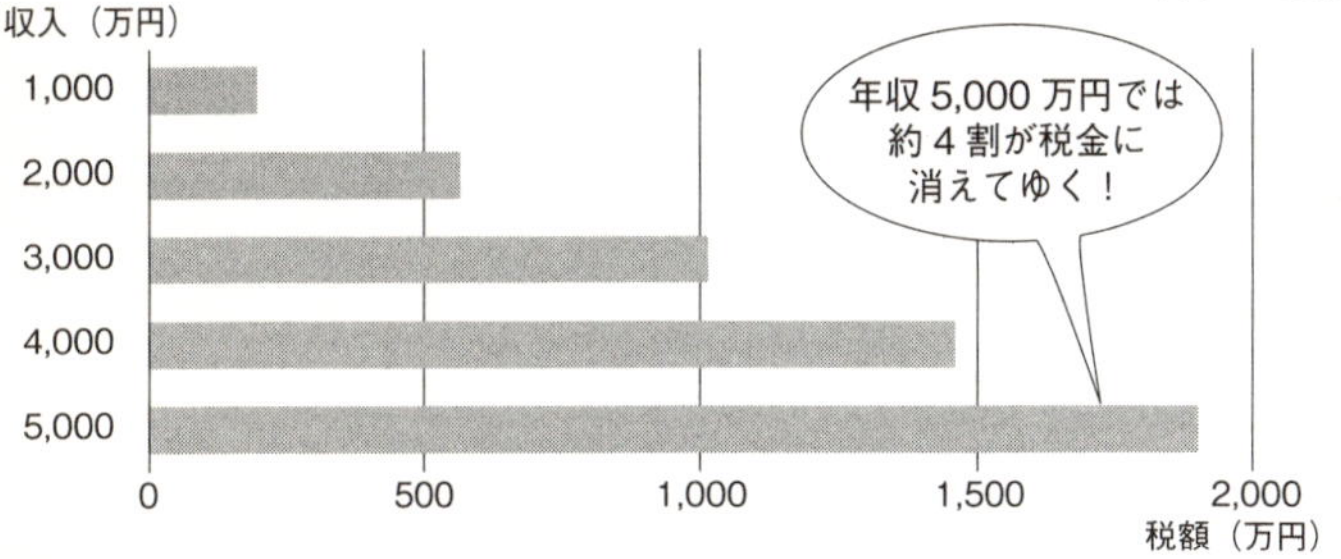

図表２　年収が1000万円以上のサラリーマンの税引き後の年収

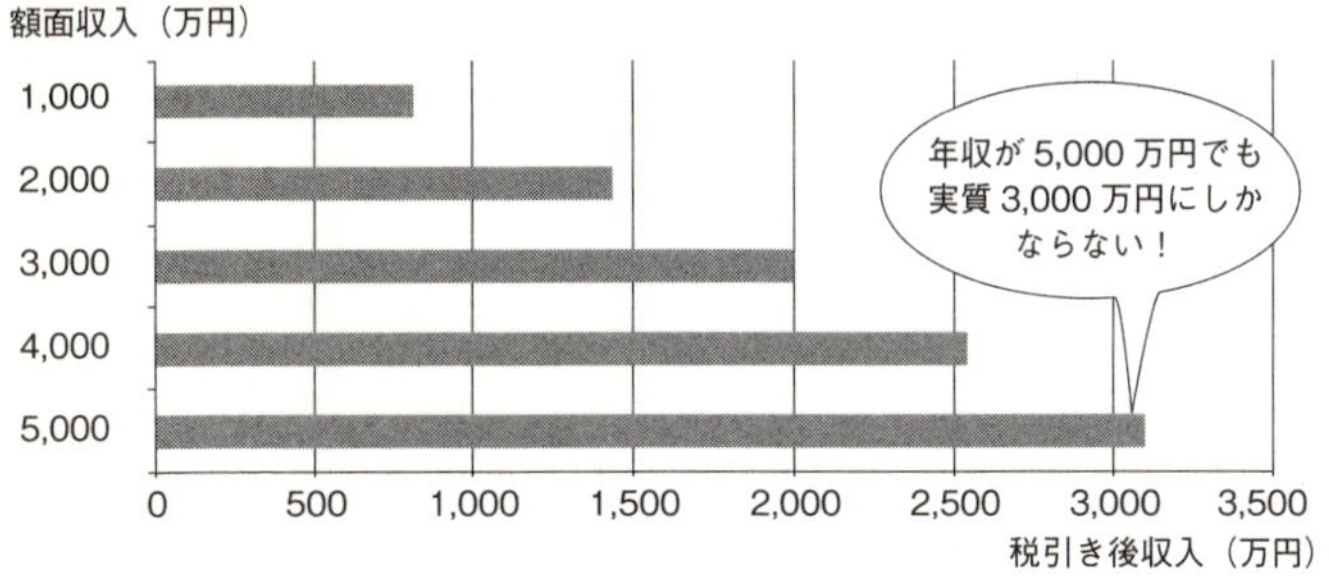

※図１、図２の税率は平成18年以前の税率を使用しております。また、課税対象額は諸条件により異なる場合がございます。あくまで、仮想シミュレーションのため実際の数字とは異なります。

まいます。年収2000万円だ！　すごい！　と思われるかもしれませんが、税引き後では損なのです。実際に税金を3割取られたとして315万円の手取りをもらい、家族で暮らしていくとなると、あっという間に使いはたしてしまいます。

余談になりますが、金融バブル崩壊前、20代、30代の外資系で働く若者は給与が下がるなんてことは、これっぽっちも考えませんでした。ボーナス込みとはいえ、自分の父親の最高年収を30代前半で簡単に追い抜いたことで、一気に舞い上がり、タワーマンションに住み、ポルシェを買っちゃった、なんてケースも多々あります。彼らに説教をすると必ず「今しかできないことなんで、後悔しません」と反論します。

私たちの年代はというと、「アリとキリギリス」という童話が重くトラウマのようにのしかかってきて「こんなことは絶対できない！」と絶叫するわけです。

◇怒りの「お元気ですか？」メール

外資系の最大のウィークポイントは人事部門かもしれません。基本的に人事権はその部署の責任者クラスが持っており、現地の社長と本社の了解を取れば人事は大体そのとおりに動きます（もちろん、違う会社もあるかもしれませんが……）。

つまり、人事部は「事務屋」なのです。小さな組織では、町工場にいるおかみさんのような人が「人事部長」の名刺を持っていたりすることもあります。本社においても日本と違って人事政策より、「教育」が大事な仕事だったりします。余談ですが、景気がよかったとき、何か成果を上げたいと考える人事部の人達をカモにするために、さまざまな研修の売り込みが押し寄せ、やれ、泊まり込み研修だのセミナー参加だのと騒いでいた時期もありました。

日本の会社も経験したわれわれにとって、国内企業の人事と外資系の人事は似て非なるものです。

そんな人事ですから、こんな「鉄火場、修羅場」に慣れているはずはありません。大混乱です。自宅待機になってからしばらくして全員に人事のねえちゃんから下記のようなメールが届きました。

「お元気で過ごしていらっしゃいますか？　さて、今回の件で…………になりましたが

（中略）。つきましては、年金手帳を同封させていただきましたのでご査収ください」

びっくりです！　クビになった人に向かって「お元気ですか？」はないだろう！　これについては、相当なクレームがあったようです。私の部下は「会社のために涙をのんで退社を決意した人に対して、元気か？　と聞くとは何事か！　元気なわけねえだろ！」と怒りをあらわにしていました。当然です。火に油というのは、まさにこのことです。今ふうに言うなら「ＫＹ（空気読めない）」です。

実は、この電子メールにはもう一つ致命的なことが書いてありました。おわかりになりますか？　まだクビを宣告されたすべての人が会社に籍があるのに、年金手帳を送りつけてきたことです。しかも普通郵便で！　ご退職された方はご存じかもしれませんが、年金手帳というのは退職後に手続きのため本人に送付されるべきもので、まだ自主退職の意思を明確にしていない人（退職の合意契約書＝「やめたらこんだけ出してやる」という退職プログラムにサインしていない人）に送りつけるということは、それを強要していることになっちゃうんです。

しかも後日談があって、普通郵便だったため、その中の一人がこの大事な手帳をゴミ

自宅待機になって
しばらくして
人事のねえちゃん
からメールが来た
なんじゃ!?
このメールは!
お元気で過ごしていらっしゃいますか?
(中略)
年金手帳を同封させていただきましたので
ご査収ください
ふざけとんのか
元気なわけねーだろ
年金手帳を
普通郵便で
送るな!
そのせいで、俺は
間違ってゴミと
一緒に年金手帳を
捨てちゃったんだ
ぞーっ!
それは、やらないよ……

と一緒に捨ててしまって大騒ぎになったそうです。

このＫＹちゃんがその後どうしたかわかりませんが、外資系の人事のおそまつさを示す典型的なお話です。

◇メールと郵便物を勝手に開封

もう一つびっくりしたことがあります。会社が大量に解雇を行ったことを知られたくないのと、本人宛に重要なビジネスのメールが入った場合の確認のため、私のメールを秘書が勝手に見ることができるようになっていたのです。先方からはまだ、私が「生きている」と思ってじゃんじゃんメールが来ますが、それを勝手にほかの人が見る、というのは倫理的に不愉快ですよね。でも、会社側は「あくまでも会社の電子メールは業務推進のためのもので、プライバシーはない」と言い張ります。たしかに、それも一理あるのですが……。

極め付きは退職後に届いた私宛の郵便物をすべて開封してから送りつけてきたことで

す。その中には飲み屋の請求書や、洋服屋のバーゲンの通知もありますが、一部プライベートに近い手紙も入っていました。はたして、それも「権利の範囲内」なんでしょうか？　どうか、みなさん会社宛に届くようにしてある郵便物は十分ご注意くださいね。

◇飛び交う「噂」と思惑

こんな一大事件の後は、残った人も辞めていった人も混乱状態に陥ります。こんなときは必ず変な噂が飛び交って、いろいろな人の思惑が話題にのぼります。

まず、必ず出るのは「第二弾のクビ切りがあるらしい」と「次は誰らしい」です。かならず嫌われている人がやり玉にあがり、その人は毎日戦々恐々、辞めたほうは地獄の池から「おいで、おいで」ではないですが、おまえも一緒に落ちろ、ってなもんです。このときばかりは「みんな一緒に死のうよ」モードに入ってしまいます。

次に出てくるのは、「どいつが先に就職が決まるか？」の話です。最初のうちは仲がいいのですが、誰かの就職が決まりはじめると、あせりとやっかみで色々噂がでます。

「やめる前から色仕掛けで準備していたらしい」

「あいつの退職金は俺らより高いらしい」

人間は結構あさましいものです。そんな中で一つのショッキングな噂がありました。別の同僚がクビ切りの決定に関わっていて、その同僚が防犯用の監視カメラで夜な夜なクビ切り対象者を監視していたというのです。悲しいかな、こんな噂まで出てくるようでは世も末です。しかも、この噂の出所はある人が夜、名刺の整理をしていたところ、その同僚から呼ばれて注意されたというのです。この件は未だにミステリーですが、こんなことって、やっていいのですかね？

監視カメラに関しては、ある投資銀行でライバル会社に移る社員が事前に関係資料をコピーしたり、持ち出そうとしているのを、監視カメラで撮影されて裁判になった、という話も聞いています。ただ、電話の録音やこういった盗撮は通常証拠能力はないと思うんですが、弁護士さん、いかがでしょうか？

◇外資系リストラの方程式：能力のある人ほどクビになりやすい！

通常のリストラは、「能力のない人、仕事の少ない人がクビになる」というふうに皆さんは考えるでしょうし、それが常識、セオリーかもしれません。しかし、外資系の場合には、なぜかそういうふうにはならず、能力のある人のほうがどんどんクビになり、会社には無能な人が残ります。なぜ、そうなるのか？　についてお話しします。

本社からリストラの指令が来た際、まず経営者が考えるのは「人件費を大幅に削減しなければならない」ということです。当然、付帯条件として「営業能力、事務処理能力は同じレベルを維持する」ということがつきます。優秀な経営者はこの狭間で悩んだ末、人を選定してリストラを開始します。ただ、もし経営者が優秀でなかった場合は……。

非常にシンプルな解決方法は「上から順番に給料の高い人をクビにする」です。実は外資系の場合は、管理職よりも営業職の給与が高いケースが多く、加えて戦略部門の責任者、営業マンが高い給料をもらっています。

もう想像がつくと思いますが、このような解決方法をとってしまうと必ず優秀で戦略的な部門にいる人がまっさきに解雇されるわけです。当然、事業の継続も考えるわけですが、結局どこの会社にもいる「給料は安いが会社にへばりついて、長くいるだけが取り柄」の人を残して、既存のお客様の不安を和らげるという行為に走ります。こういったリストラ話は海外で急遽決定され、日本には有無を言わさず伝達されるケースが多く、その場合、ひどいときは猶予期間が一カ月もないこともあります。よしんば、経営者が優秀であっても、これだけ時間が差し迫っていれば間違っているとわかる選択をせざるをえない状況に追い込まれます。

このリストラを何度か続けているうちに会社の人材はどんどん劣化し、お客様の評判も落ちていきます。ただ、本社が有名ということで日本での地位を保てる場合、こういった「ボロ」をある程度隠すことができますが、長期的には商売にじわじわと影響が出てきます。また、好況になったときに人を集めようとしても、過去のリストラの対応が影響して、なかなか優秀な人材が集まらず、その場限りの採用で質の悪い人がさらに増えるという、恐ろしい「負の連鎖」がおこっていきます。「類は友を呼ぶ」ではありませんが、こういう状況の会社は自分の地位を危うくするような優秀な人材は決して採用しません。

会社の人品の貧相さが目立ってきて「あそこはやばい」という話が業界で出回ってくるころにはもう手遅れです。ただ、最近のように本社が突然合併したり、資本が変わってすべてが「リセット」になるケースもあります。

こういった状況を覚悟して外資に身をおいていたわけですが、現実の厳しさの中であらためて身に降りかかった状況を考えるに、やはり「なんとも理不尽な世界だよね。トホホ」というのが本音です。

◇結局出されちゃいました。その後の生活について

退職勧奨で示された契約書は見直しても不満だらけでしたが、「使い走り」の人事とは交渉の余地がまったくなく、時間だけが過ぎていきました。そして回答期限（契約書

退職勧奨の
契約書は見直しても
不満だらけ
契約書
サインせずにいたら
手紙が来た……
内容に合意できない場合
○月○日付で
懲戒解雇
扱いとする
退職
合意
契約書
これじゃ
脅迫文書じゃ
ねえか！
ブチッ
明らかに
会社の勝手
なのにっ
ブチキレつつも
「サイン」した
まだまだ、この
業界で働きたい
からね……

には○月○日までにこの退職合意契約書にサインして送り返せと書いてあります）の2週間前にサインをしていない人達宛に脅迫文書が送られてきました。

内容は「契約内容に合意できないなら、○月○日付で懲戒解雇扱いとする」というものです。いよいよ来たぜ！　って感じです。実際に本気で法廷闘争をする気であれば、可能ですし、明らかに会社側が不利なはずなのですが、同じ業界で再就職活動をするという前提のもとでは、サインせざるをえません。「風評」に関してはどうしようもないのです。

結局、ほぼすべての人がサインをしてみんな退職ということになりました。その後は気楽なもんだ、ってわけにはいきません。ご存じのとおり景気は最悪、まだまだリストラも続く中での求職活動が始まったわけです。

◇業界から完全撤退する気でないと争えない厳しい現実

このような内容を聞きつけて労働組合の人や、法律に詳しい人たちから「十分闘えるから、訴訟しなさい」とか、「こんな方法があるので、やってみなさい」なんて親切な声をかけていただけることもあります。おっしゃるとおりです。「争う」という方法はいくらでもありますし、実際知り合いや、部下でこの方法を選択して、それなりの条件交渉に成功した人もいます。ただ、実際そうした方法をとらないのには理由があります。もう一度同じ業界で再就職したいからなんです。

業界で「あの人はクビになった際に弁護士を使ったらしい」なんて話が飛び出してきたら、どこもびびって採用しなくなります。実際に訴訟などを避けるために「もし、そんなことしたら再就職に不利になりますよ」と露骨に言ってくる人事の担当者もいると聞いております。外資系とはいえ日本の社会ですから、そういった「闘争」をすることは極めて再就職には不利なようです。もう一つは弁護士費用の高さです。成功報酬型の弁護士費用は場合によって、増額された退職金の20％から30％にもなると聞いています。実際は退職金には税金がかかりますので受け取った退職金に対する成功報酬の占める比率はもっと高くなる訳です。

したがって、会社に対して、あるいは個別の上司に対して「本当に許せない」と思っている人は訴訟に踏み切るケースが多いようですが、泥仕合の後に得られたものは思ったより少なかった、ということも多々あります。

第2章　外資系に入った日

◇外資系が輝いて見えた日々。バブル崩壊と失われた10年の中で

よく「どうして外資系に入ったの？」と聞かれます。もっとひどい言い方は「そんな年で何でまた転職したの？」です。私が転職した当時（15年ほど前）は転職というのがまだそれほど多くはありませんでしたが、「世紀末」と「日本の失われた10年」がちょうど重なっていた時期でした。別の言い方をすると、日本の企業がみんな元気を無くし、お先真っ暗で、外資、というより国際企業がとても輝いて見えました。

よくいわれているのは、「英語ができなきゃダメ」「高収入と引き換えにクビになるリスクがある」、実際両方とも事実です。こういうとガッカリされる方も多いと思いますが、外資系で成功するためにはこの二つは覚悟しなければなりません。昨今の転職者で臆面もなく「英語はダメです」という人がいますがとんでもありません。少なくとも30代、40代で管理職扱いされた人が英語ベタでは、海外出張のときには「置物のネコ」になってしまいます。

図表3　1年間の労働者の採用状況(2005年度)

	採用者数	うち中途採用者数
製造業合計	639	445
卸売・小売業	790	778
建設業	5	5
金融・保険業	254	213
不動産業	23	23
運輸業	50	41
情報通信業	548	497
教育・学習支援業	22	19
サービス業	261	260
その他非製造業	378	340

「2005年度外資系企業の労使関係等実態調査結果報告書（第9回調査結果)」
（独立行政法人 労働政策研究・研修機構）を参考にして著者作成

図表4　1年間の労働者の採用状況グラフ(2005年度)

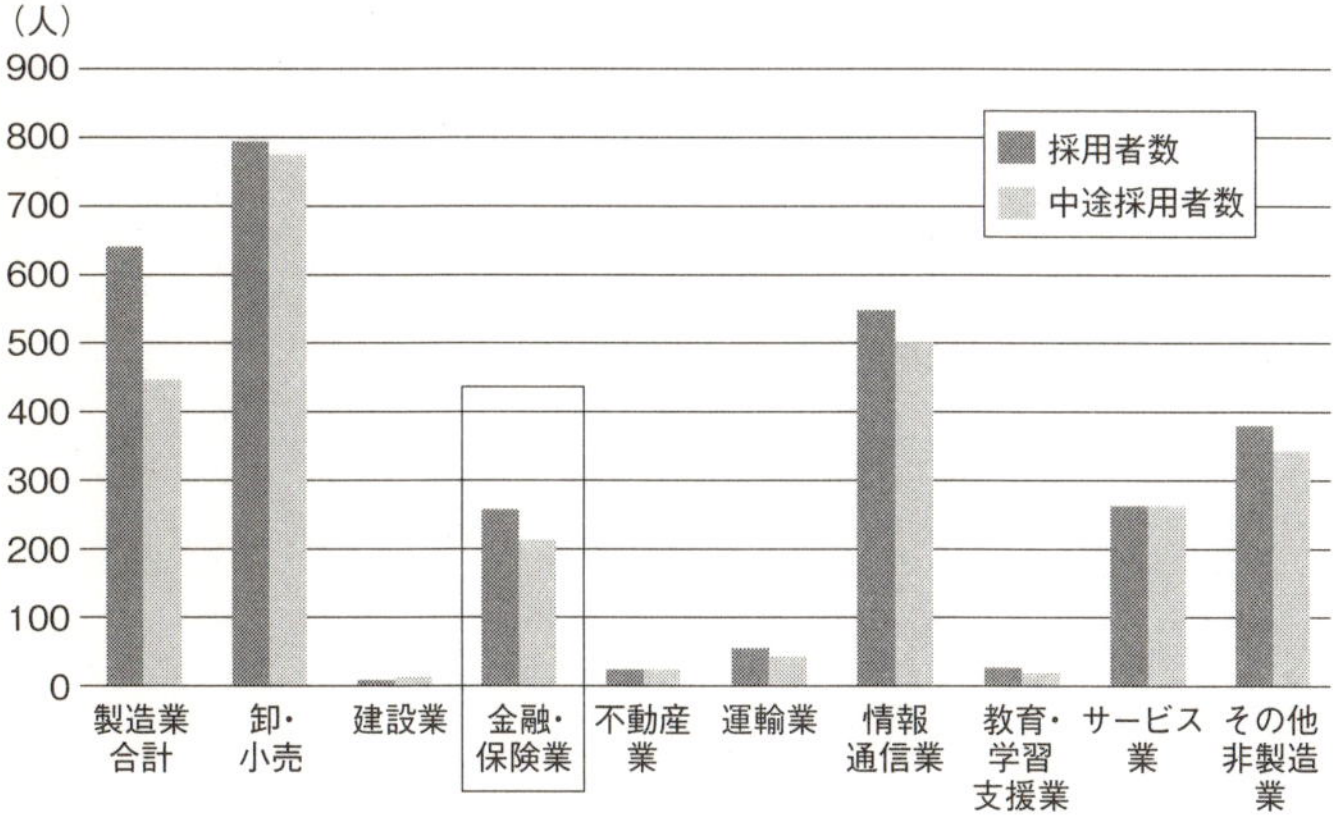

「2005年度外資系企業の労使関係等実態調査結果報告書（第9回調査結果)」
（独立行政法人 労働政策研究・研修機構）を参考にして著者作成

「クビ」の話も今回に限らず常にあり得ることです。もちろん低空飛行でこのリスクを避けることもできますが、少なくとも真面目に仕事をしてステップを上ろうとしている人たちにとって「リスク」を避けて前に進むことはできません。つまり、個人で「ビジネス上のリスク」をとらないと、成功の道はひらけない、ということです。

われわれの上の年代に多くみられたのは「語学馬鹿」と呼ばれる外国人の腰巾着のような人達ですが、最近は随分変わってきていると思います。

「なぜ」という話にもどりましょう。当時日本の会社の多くが、不良債権を抱えたことで「倒産」「合併」の危機に立たされていました。特に金融機関の状況は目を覆うものがあり、この時代には合併によるメガバンクの登場や政府の救済が行われました。そんな時代に私も含め、海外勤務経験者や、会社内のある業務に秀でた人の多くが転職を考えていたと思います。

ただ、やはり社内で昇り詰めるほうが得であると考える人も多かったので、私のように転職するというケースは例外でした。実際に転職がいいのか、会社に残るのがいいのかは、まったくわかりません。本人の専門分野と人生観だと思います。私自身、何度も

取引先のOLさん
News week
どうして外資系に転職されたんですか？
思いっきり仕事をしたいからだよ
えーっ！それって建前でしょ？
美人の秘書に大きな個室！高層マンションに豊かな老後！
うらやましー
キャー
あー、やっぱり君もそう思うか～
それは誤解だねー
クビは常にあり得るし、リスクは避けて通れないし
そんなに甘くないよ～
え――――っ

会社を辞めたことを後悔しました。ただ、日本の会社に残った同僚の中には「時代の波」にのまれて、安定した生活と引き換えに、精神的な苦痛の多い「不毛な日々」を送っている人も少なくないのは事実です。

一つだけご理解いただきたいのは、「金の亡者」だった訳ではないということです。純粋に「思いっきり仕事がしたい」という渇望が転職の最大の理由だったと思います。実際、外資系と聞いてよくイメージされるような、「大きな個室」に「秘書」がついて「都会の高層マンション」に住み、「老後の心配はなにもない」なんてことはありません。嘘っぱちです！

◇ついに決めた転職、引き留められない悲しさ

あれこれ悩んだ末、転職を決めるのに約1年、それでも意を決して上司に話をしにいくと、上司はあっさりと認めてしまいました。「そうか」という言葉には何か残酷なものを感じます。「別におまえなんか、うちの会社じゃいらないよ」と言われているよう

なものです。「嘘でもいいから引き留めろよ！」と、思ったこともあります。

送別会を盛大にやってもらって、なぜか涙がとまりませんでした。やはり20年近く勤めたところを辞めるのは悲しいものです。そんな気持ちを察してか、部下もかなり気をつかって花束を差し出してくれました。

実際は後日談があって、当時退職希望者が急増していたこともあり、人事部が会社の上層部から退職者の増加を非難されるのを恐れて、私の話を担当者レベルで握りつぶしていたようです。その当時の担当者は今ずいぶん偉くなっているらしいですが、世の中ってそんなもんです。どうかみなさん「自分が有能だ」なんてうぬぼれないでください。結局、一人の人間の能力なんてたかがしれていますし。あなたは、会社にとっては一つの「コマ」にすぎません。それがわかってしまえば別に腹もたちませんね。

◇転職決めたとたんに「裏切り者」扱い

私は当時すでに管理職として仕事をしていたこともあり、一部の人事関係者や心ない同僚からは、「裏切り者」といった汚名をあびせられることもありました。本当に嫌な気分です。別に会社に迷惑をかけている訳ではないのに。私のような扱いを受けたケースはほかの会社でも多々あります。当時はまだ「幹部候補はやめない」という思い込みと、「一生勤めあげる」という倫理観が厳然と生きていたようです。まさに、「崩壊寸前の日本の企業文化」から袋叩きにあったわけです。が、現在のように雇用が流動化してくると「出戻り」の貴重な人材を確保することも必要ではないかな、と思います。どうか、日系企業の人事担当の役員さん、部長さん、頭を柔らかくしてよい人材を過去にこだわらずに集めてください。今がチャンスですよ！

◇「すずめの涙」の退職金、たかが年金されど年金

いよいよ退職の手続きが始まって退職金の計算用紙を見せられたとき、愕然としました。あまりの少なさにです！　そうなんです。20年近く働いてもほんとうにわずかな退職金しかもらえません。

しかも年金は続けられず、それまでの掛け金を現金で返されてしまったんです！　日本の会社の退職金、年金のシステムのほとんどが「定年まで勤める」ことを前提に作りあげられているため中途退社する人は制度上「眼中にない」のです。実は、当時少し前まであった割増退職金の制度は、消え去っていました。とはいえ、転職先に返事をしてしまった以上、後に引けなくなってしまいました。まさに、トホホ……です。

それ以来、前言をくつがえして、私は「金の亡者」になりました（といってもそんなひどいものではありませんが）。だって、自分の年金は自分で作らなくてはいけないんですから！　会社は何も面倒みてくれません。

たとえば通常、会社からもらえる企業年金（国の年金とは別に）が、年間150万円（月々約13万円！　日本の大きな会社って本当にすごいですね！）あったとすると、転職してしまった私は一銭ももらえないわけです。これを金利計算を忘れて、私が85歳まで生きるとして計算します。支給が遅れて65歳からということになると、私が会社に残っていれば20年分もらえるわけです。この分を貯金として蓄えるには、単純計算で、1500万円×20年＝3000万円が必要です。つまり日本の会社に勤めている人に比べ、私は65歳の時点で、前の同僚よりも3000万円余分に預金がないと「年金ビンボウ」ということになってしまいます。金利まで考えたり、90歳、100歳まで生きるということを考えると気が遠くなります。

いろいろ取りざたされてはいますが、どうか企業年金制度を馬鹿にしないでください。こんなところで「蟻＝日系、キリギリス＝外資系」の差がはっきりしてしまうのです。

◇自由と引き換えに「一寸先は闇」、こつこつと金の亡者になって自己防衛

転職を決めた際、学校の先輩にあたる有名な経済評論家の方にお話を聞くチャンスがありました。その方は快く私をご自宅に招いてくださり、過去の経験をお話ししてくれました。

その方も日本の金融機関に入り、30代半ばで外資系に転職されました。

私よりも10歳ほど年上ですので、当時「外資系への転職」など万に一つもありえなか

転職する時に
決めた
外資系に
転職したけど
地に足ついた
生活をするぞ
収入が増えても
生活を変えない
まだまだ乗れるし
変える気ないよ
XX
車も10年乗ってる
国産車
うわっ！
お前の時計
ショボいな！
日系企業
元同僚
車もまだ
国産車かよ
やーい
守銭奴～
キッパリ
ええ、
守銭奴ですが
それが何か？

ったし、「失敗したら野垂れ死に」というのが一般論でした。彼はこんな話を私にしてくれました。

「当時転職するときにもとの会社とけんかしちゃいかん、というので外資系の上司がわざわざ日本の人事部に話をしにいってくれたんだよ。それでも怖くて、怖くて、その後転職が決まって仕事を始めても、本当に成果を出せるか不安でしょうがなかったので、2年間、給料には一銭も手をつけなかったよ」

この話は当時いたく私の心を揺さぶりました。それ以来、給料があがっても生活を変えるのはよそう、と思いました。

ちなみに、私の車は10年乗っている国産車、時計は日本製の自動巻きです。たとえ「守銭奴」と言われたってそのくらいがちょうどいいんです。日本の企業に所属しているということは以前よりメリットが減ったとはいえ、大きな「家」にいるようなもので、とても利点が多いものです。

◇驚きの連続、消耗の日々

転職後、私のテンションはかなり高まっていました。「野垂れ死にしてなるものか」という気持ちと「なんとか成功したい」という気負いで、まわりから見ればかなり滑稽だったかもしれません。上司、同僚との顔あわせ、英語の会議、海外との電話会議の連続など、ある意味新鮮な日々が続きました。一方で業績をあげなくては、というプレッシャーも高まってゆきます。

そんな中、着任に際して膨大な量の「ビジネスプラン（業務をどのように進めるか、の計画書）」を1カ月以内に出せ、と言われた際には愕然としました。しかも英語です！

「そんなもん作ったことないよ」と嘆きながらも、昨日知り合ったばかりの部下と作業を始めるわけですが、同じ会社で仕事するのも初めて、お互いの仕事の進め方はまったく違うわけですので、なかなか混乱が収拾できません。一番びっくりしたのは、「責任感」のレベルが担当者とマネージャーではまったく違うこと、その垣根がはっきり分かれているのです。

日本の会社の場合、担当者は驚くほど責任感を持って仕事を進めます。管理者はその進み具合を見ておけばある程度は大丈夫です。ところが、外資系の場合は、期限があろうとなかろうと、ある程度やると、担当者は実に簡単に仕事をほっぽり投げます。まるで「あとはあんたの仕事だ」と言わんばかりです。彼らだって前は日本の会社にいたんだから、その辺はわかるだろう? なんて理屈はまったく通用しません。極端なことをいうと「あんた、給料が高い分、俺より働くのは当たり前だろう」くらいの感覚です。

したがって、夜10時以降残業している様子が日本の会社とまるで違うんです(そうでない会社があったらごめんなさい)。一般的な日本の会社の風景(あくまでも私の知っている範囲ですが)は、5時か6時くらいになると、役員クラス、部長クラスはいそいそと帰っていきます。接待や会合があるせいもあるでしょうが、残る中間管理職と「若手」と呼ばれる連中は「うるさいオヤジ」がいなくなって一気に活気づきます。それを境に遅いときは10時、11時まで残業が続くわけです(今は大分うるさくなってこんなこ

ビジネスプランを一カ月以内に提出しなさい
ちゃんと英語でね
マジで!? そんなもん英語で作ったことないよ
資料、ここに置いてきますよ
うーっ やりづらいっ
それじゃ、僕は帰りまーす
お先ー
待てよ
仕事はまだ終わってないんだぞ!
プラン A
B
それは、あなたの仕事でしょ
うっ……
外資系は厳しい……?

ともないのでしょうが)。

一方外資系、まず担当者で用事のある人がパラパラと帰っていきます。その後、若手も席を去って、個室の部長クラスがみんな残業の真っ最中、中にはロンドン、ニューヨークと会議を始める人も現れます(米国の西海岸に本社がある場合は悲劇です。朝の5時とか、夜中しか話ができません。いきおい自宅で電話するケースもあります)。そうこうしているうちに、10時を過ぎたころ、真っ赤な顔をしたエライさんが突然部屋に現れます。いったい何事でしょうか? そうなんです、接待が終わってお客さんを送り届けてから、戻ってくるんです。それから電話会議室に入って会議が始まるなんてことはしょっちゅうです。

このように、まったく「逆の世界」が起こっています。ただ、一部の米系の会社では若手が昼夜なく働くところもあります。また、会社によって「ゆるい」ところと「きつい」ところがあるのは自明のことですが、これらが転職の際の大きな判断基準になります。「稼げるがやたらきついので、下手をすると体を壊す」会社か、「給料はたいしたことないけど、全般的にゆるい」会社か、どちらを選ぶか? というわけです。これに

「きつい会社はクビになりやすい」というおまけがつくこともあります。

ただ、これは経済原理にしたがっていることなのでやむを得ないと思いますが、私の知り合いの中には、1時間当たりの労働単価を計算すると、前にいた日本の会社のほうがよかったなんてケースもあります。

◇本国からみると日本人は「現地スタッフ」

これに加えて最大のカルチャーショックは、日本人は現地スタッフだということです。まず、本社の人はカテゴリーとして海外勤務者なので、日本の会社の人が外国勤務になった場合と同様、いろいろな恩恵を受けることができます。

家、子供教育、定期的に本国に帰る費用の補助、場合によっては車。これらの優遇を受けている人々を通常「エキスパット（本社から派遣された人を示す専門用語）」という言い方をします。前の章でもお話ししましたが、これらの費用をすべて換算した人件費はたぶん日本で採用されたスタッフの3倍はかかると思われます。さえない外国人が

俺は、ヤツらから
見れば
現地スタッフ
だからな
HAHAHA
「エキスパット」には
日本で採用された
スタッフの
3倍費用が
かかるうえに
フンッ
こいつバカか？
と思うようなことも
平気でしでかす！
俺のかわりに
謝っておいて
くれる？
高級な
食器
イエッサ!!
理不尽なことでも
「イエッサー！」が
言えなきゃ
即クビ！
外資系ってのは
「日本の会社」よりも
人事が偏ってます

六本木あたりの高級マンションに住んでいる理由はこれです。だって、会社が家賃払うんですから。

この力関係の差はとても難しいものがあります。相手は本社からよこされた人なので、下手に逆らうと大変なことになります。時どきは「こいつ、馬鹿じゃねえか?」と思っても「イエッサー!（Yes, Sir!）」とやるわけです。この人間関係を勘違いすると外資系では決して生きていけません。よく優秀な人が本社から来た外国人を説教して悦にいっているケースがありますが、こういう人は長生きできません。

日本の会社と一緒なのです。いや、むしろ日本の会社より人事に偏りがあるといったほうがいいかもしれません。外国人に嫌われたら、即クビでしょう。

第3章　ヘッド・ハンターは気楽な稼業ときたもんだ

◇ヘッド・ハンターという名のお仕事（この人達は、いったい何をやっているのか？）

みなさんは、トレンディードラマや、飲み屋で外資系の嫌な感じのにいちゃんが、この「ヘッド・ハンター」という言葉を自慢げに連発しているのを聞いたことがあると思います。要は「俺はスカウトされたんだ」と言いふらしたいときに、「ヘッド・ハンターがうるさくてさ」なんて見栄をはるものなのです。でも、「会ったことがある」という人はとても少ないと思います。

この職業は謎の多い仕事です。少しこの人たちの「生態」についてお話をしましょう。「ヘッド・ハンター」という英語の語源は「首狩り族」ですからややイメージと異なります。実際は、別の会社に勤めている人材を「スカウト」して、ほかの会社に売り込んで上前をはねる職業です。なんとなく不動産屋さんに似ていますね。また、この成功報酬が法外であることも不動産屋さんと一緒なんです。不動産の売買手数料は皆さんが考えているより高いうえ、「上物＝高い物件」を動かせば動かすほどおいしいんで

このごろ
ヘッド・ハンターが
うるさくってね
カローン
スゴーイ
見栄はっちゃって
私は
ヘッド・ハンター
いいカモは
いないかー？
実際に
「会ったこと」がある
人はとても
少ないと思います
有能で高給取りの人
をスカウトして、
別の会社に
転職させるのが
私の仕事なの
ですが……
転職しない？
年収2千万
実は、仕事のプロ
でもないし、
業界のことも詳しく
ないんだよーん
ケケケケ
報酬さえ手に入れば
いいしー
二枚舌
ヘッド・ハンターには
こんな人もいるので
気をつけて！

す。ですから、数十億の物件を右から左に動かしただけで、1年分の稼ぎになる、なんてこともあります。とても真面目に仕事をされている方もいらっしゃいますが、「いったいあの人は何のお仕事なんですかね？」と言われるくらい、ふらふらしている人もいるのです。

「ヘッド・ハンター」は基本的には「人材紹介事業」ですし、厚生労働大臣の許可も取っていますが、年収が1000万円以上の人に狙いをすましてライバル企業に売り込んだり、外資系企業に売り込んだりするわけです。

さて、彼らの商売のやり方はどのようなものなのでしょうか？　まず「販売先の確保」からお話ししましょう。これは、単純です。人材を募集している会社をしらみつぶしにあたって、ニーズを聞き出すのです。たとえば「証券の営業で、30代、証券販売の経験が最低3年以上で、できれば固定客を持っている人」、ってな具合です。景気のいいとき、新興企業は必ず人を募集しておりますので、当てずっぽうに、いろいろな会社の人事部に電話をかけまくっても、ニーズが出てきたりします。実際は、元外資系にいたとか、業界でコネがあるという人もいます。ただ、やはり会社のほうも「うさんくさい奴」は弾き飛ばしたいので、業務年数やオフィスの場所などをいろいろ調べたりします。

こうしたニーズが見えてくる一方で、次に「仕入れ」が必要となります。会社の人事部も上記のような判断以外にこのヘッド・ハンターがどのくらいの「在庫」を持っているのかを気にします。そこでヘッド・ハンターは必死に候補者あるいは、その気がないけどひやかしの人も含めてやたらと「履歴書集め」をやります。この履歴書集めがくせもので、数箇所に渡したとたん、行儀の悪いヘッド・ハンターはこれを「販売先」に見せびらかしてしまうのです。自分の履歴書が、ある会社に複数のルートから出回るという、みっともないことにもなりかねません。こういう人とつきあうときはそれなりに注意が必要です。

さて、「仕入れ」の仕方についてお話ししましょう。最近の転職ブームでは、こういう会社がネット上に広告を出して「登録」を勧誘してくるというケースが多いのですが、割のいい「一本釣り」パターンのときは、ヘッド・ハンターがあなたのところに電話をかけてきます。「○○さんですか、私×××と申しますが、現在ある会社でこんなポストの優秀な人材を求めておるんですが、一度お会いすることはできないでしょうか?」

当然、会社を変わる気のない人には単にうるさい電話なので、居留守を使われたり断られたりしますが、消費者金融の勧誘電話同様やはり、興味のある人はいるもので、結構ひっかかったりする訳です。外資系の人たちの中にはヘッド・ハンターからの電話の本数を自分の実力のバロメーターにしたり、飲み屋で同僚や部下に自慢する材料にしたりする人がいます。

とはいえ、ご注意を。彼らは決して人事のプロばかりではありませんし、業界に詳しいようで実は素人の人も多かったりします。仕事の内容、条件についても相談するに値しないレベルの人もたくさん混じっています。

では、どうしてそんな人でも食っていけるのか? それはその報酬の高さにあります。

◇いったいどのくらいもうかるの?

私の知る限り彼らの成功報酬は、新規に採用が決まった人の年収の25％から35％です。たとえば、年収１５００万円の人を一人新しい会社に紹介し、その成功報酬が30％と仮定すれば、なんとヘッド・ハンターは４５０万円を一発で手に入れられるのです！こんなおいしい商売はありません。あなたが年収３０００万円プレーヤーだったりしたら、彼らは狂喜乱舞です！

野球選手のエージェントまではいきませんが、なかなかおいしい商売です。逆に、１年間「坊主（成果なし）」だと干上がってしまいます。かなり「一発屋」商売ですよね。

この10年間、金融業界はいくつかの挫折はあったものの、順調に拡大してきており、外資系の会社もそれに合わせて人材を採用してきていますので、このブームにのって、この種の人達、会社が増えまくったわけです。

ベテランのヘッド・ハンターの中には優秀な人もいますが、金融の世界が大きくバブル化する過程で彼らも「肥大」していったわけです。この雨後のたけのこのように出てきた人たちが「仲介業」としてバブルに便乗していく過程には、転職がうまくいかず苦しむケースが多かったことも事実としてありました。

これだけ高い報酬をヘッド・ハンターに支払うことをなるべく避けるため、外資系の多くは「紹介制度」というのを持っています。従業員が新しく転職してくる人を紹介した場合、「紹介の報奨金」というのを本人に支払います。これも多いところでは50万円くらいあると聞いています。この方法をとれば、転職者の出自（外資系ではレファレンスといいます）がはっきりしますし、ヘッド・ハンターへ支払う成功報酬よりもはるかに安価ですみますので、会社としては嬉しいかぎりです。

職の流動化が進んでいるとはいえ、依然として「カタカナ会社」への転職は敬遠されるケースが多く、また外資系は日系の会社と比べると福利厚生が充実しているわけでもありません。「おいしい話には裏がある」ということは常に考えておくべきだと思います。突然電話がかかってきても「俺もたいしたもんだ」とのぼせあがらないで、どうか冷静に状況を判断してください。

◇独立系と大手の違い

ヘッド・ハンティング会社には大きく分けて「独立系」「大手」の二つがあります。「大手」の中には、国内系、外資系があり、外資系の会社は全般的に本国で親しい会社を優先的に使うケースが多いようです。「大手外資」のヘッド・ハンターには本国からわけもわからず来ている勘違い野郎が多く、とんちんかんな話の連続になるケースも少なくありません。特に変に押しが強くて「詰め」の甘い（あなたにとっての大事な交渉を、あなた側にたってやってくれない、という意味です）人は極力避けるべきです。どうもヘッド・ハンターのしっかり具合は、会社の大きさと比例せず、あくまでも「個人として見て、いい人か？」で大きく変わってくるようです。一方独立系の人は長く業界にいて顔が利き、情報を持っているケースがあり、使用するほう、されるほうでお互いのメリットが見いだされるケースもあります。が、なんとなく業界を流れるように生きているという人もいて、見極めはいろいろな人の評判を聞いてみないとわからないということになるでしょう。独立系の人たちは口コミベースでとてもいい話を持って来てくれることもありますが、海外とのパイプがないので、米国や英国の本社で持ちあがった話にはうといという欠点もあります。

もし、機会があってこの種の人とお付き合いするときは、持ってきてくれた案件だけでなく相手の人相と性格を真剣に見ることも大事だということを、忘れないでください。

◇役にたつようで、役にたたない部分

この種の人達は、細かい交渉には意外と役にたちません。特に前に述べたように「おまえは、いったいどっちの味方なんだ！」と言いたくなるような、強引に転職を説得してくるケースがあります。だって、彼らにしてみればあなたを相手先の会社に「はめ込む（転職させる）」ことができなければ、ただ働きになってしまうのです。あなたとの打ち合わせに使った夕食代、交通費、通信料、自分の日当、すべてがパーです。日本人なら将来のことを考えて無茶はしませんが、「出稼ぎ」できている外国人は「何が不満だ」「この条件を逃す奴は馬鹿だ」と脅すようにたたみかけてくるケースもあります。そんなときは「気が変わった」といってさっとやめてしまいましょう。あなたには何の

やっぱり転職するのやめるよ
え!?
スターパック
こいつに使った
夕食代
交通費
通信費
自分の日当
すべて
パーかよ!
何が不満だ? この条件を逃すのはバカだ
ありえないっ
気が変わったー
転職はキツネと
タヌキの化かし合い

責任もありません。

ちなみに、転職までの実際のプロセスを簡単にお話しします。先方があなたを気に入った場合、給与、その他の条件（職種、タイトル、たとえば課長とか）をすべて決めたうえで通常「オファー・レター（Offer Letter）」というのを作成してあなたに「サインしろ」と言ってきます。これは仮契約書のようなものです。これにサインをするとあなたは「転職の意思表示を明確にした」ことになります。つまり「お世話になります」と言ってしまったわけです。

とはいえ、実はこの契約書には拘束性はなく、この書類にサインをしても「なんちゃって」とキャンセルできるんです。通常はあまり行儀がよくないので避けたほうがいいですが、そんなケースを何度か見ています。

その際には「（もうとっくに亡くなっている）母の病状が悪化して転職できない」とか、変な理屈がついていますが「ああ、やりやがったな」と相手は思っています。転職は狐と狸の化かし合いみたいなところもありますので、どうか気楽に構えてください。

◇リーマンショックが生んだ悲劇

こんな暢気《のんき》でいいかげんな「稼業」にも今回のリーマンショックは大きな影響を及ぼしました。業界全体がクビ切り一辺倒になってしまったんです。彼らはたとえマーケットが悪くなっても「捨てる神あれば拾う神あり」という状態を何度も経験していますので、「今回も大丈夫」とタカをくっていたようですが、リストラの嵐の中、「販売先」がまったくなくなってしまったわけです。その様子は、まるでシンドバッドが「死の海」に迷い込んで船が右にも左にも動かなくなってしまったような状況です。

当然高給取りを抱えている外資系のヘッド・ハンティング会社は危機に見舞われます。「個人営業」の人や都心の高いオフィスを借りている人たち、人を雇って商売していた人たちは縮小せざるをえなくなったわけです。いくつかのヘッド・ハンターが音信不通になったり、われわれ同様「リストラ」されたと聞いています。

自動車会社の下請けよろしく「気楽な稼業」に真冬が到来したわけです。今回特にひどかったのは、彼らのところに人材の情報がまったく入らなかったことで、われわれの

最近の不況でヘッド・ハンターからの連絡がなくなったなー
自宅待機中→
ひーーーっ
話だけでも聞いてー
わら
わら
いい話あるよー
わら
少し前までは毎日、うるさいくらいだったのに
今、あの人達何してるんだろうなー？
相変わらず羽振りいいのかな？
ヒュウウウ…
寒い…
ヘッド・ハンターも冬の時代ですよ！

ような「在庫」に対してもまったく音信不通になったり、サービス的に極めてひどい状況に陥っています。

景気のよかったときはうるさいくらいに電話をかけたり、「食事しましょう」と言ってきたのにパッタリと連絡が来なくなるわけです。昔銀行に対して「晴れたときには傘を差し出して、雨が降ってくるとさっと傘をとりあげる」とお爺ちゃんが文句を言っていたことを、思い出してしまいました。

ヘッド・ハンターさん、晴れたときも雨のときも恩を忘れず失業者を大事にしておかないと、そのうちもっと大きなツケがまわってきますよ！

◇後日談、気楽な稼業も今は昔

リーマンショック以後のヘッド・ハンターの悲劇については、前に述べたとおりですが、状況は長期化し、さらに悪い方向に行ってしまったようです。久しぶりに何件かヘッド・ハンターからの連絡もあり、そのうちの1社の外国人エクゼクティブと会うことになりました。先方の指定するホテルにいっていろいろな話をすると、現在の就職状況がいかにひどいか、先が見えないのかについて、ひどく愚痴をこぼされました。

会計の段になって、一人ボーっとたっていると、彼がいろいろと会社の事情を細かく話し始めたのです。

「実は会社で大規模なリストラがあって、部下が5名から私だけになってしまった」

「ふうん。大変だね」

「部署は小さくなって、大変になったが自分の担当部署が増えたのでそれはそれでいいこともある」

「じゃ、よかったじゃない」

「でも、交通費は削られて今ではタクシーはよほどの理由がないと使えない」

「普通の日本の会社はそう簡単にタクシーは使わないよ。健康のためにもそのほうがあなたにはずっといいことだよ」

「そうだが、他の経費もどんどん削られている、文房具とか細かいところまで」

「…………（いったいこいつは、何を言いたいんだ）」

彼は支払いカウンターの前でもじもじして、昼飯代をなかなか支払おうとしません。

カウンターの人が待ちきれなくなって、

「お一人様ですか？　合計でしょうか？」

その瞬間、彼はなんともたどたどしい日本語で、

「ベツベツニ、オネガイシマス」

えーっ！　聞いてないよ！

私は、彼にとってはまだお客のはずですが、天下の外資系のヘッド・ハンターさんがなんと昼ごはんを割り勘にしてくれ、というのです！

私にとっては前代未聞の事件でした。ここ10年間で初めてのことです。

ここまできたのか、というのが正直な感想です。

その後、ほかの知り合いの日本人の同業者に連絡したところ、彼はすでに都心のオフィスをひきはらって行方知れずの状態でした。風のたよりですと、いったんオフィスを自宅に移して冬籠もりだそうです。

現実には、雇用が一部好転しているように見えますが、条件は厳しくなり、かつ外資

系の場合、本体の動きが極めて不安定なため、日本の関係者はたとえ現地法人の社長であっても、一定の管理職レベルの採用についてはほぼ権限がなくなってしまっているようです。小雪が舞い散る街を駅へ向かう、ヘッド・ハンターさんの後姿を見て世の中の移り変わりの激しさをあらためて実感しました。

就職できない部下の落ち着き先を確認したところ、まだ離職中の人もいますが、一方で契約社員やバイトを始めた人たちも大勢います。ある部下は法律関係に詳しく、その分野のプロフェッショナルでしたが、一時会社を辞めて休職、大学院で勉強した後、不況のあおりでまったく就職先がみつからない状態に陥りました。

そこで彼がたずねたのは、かつての職場の人事です。職場としては当然採用ニーズはありませんが一時雇いの形なら、ということ。なんとかかつての部下が上司となる職場に「部下のバイト」として配属されることになりました！

これはまた、彼もその上司（元部下、ややこしいですね）もやりにくいやら困ったやら、でも彼だって背に腹はかえられません。黙って仕事をこなして、それなりに慣れてきたころ、まわりの異様な雰囲気を感じたそうです。

正社員である同僚の多くは、「彼に仕事を取られたら自分の首があぶなくなる」と考えて、彼にファイルを見せなかったり、現在の仕事の仕方、手順を教えなかったりしたそうです。さすがに困って上司（元部下）に相談すると、やっと別の部署に移してくれることになったそうですが、彼曰く「あの異様な雰囲気は忘れられない」とのことでした。

「まるで、自分が次の生け贄《にえ》になるという恐怖感でこりかたまった奴隷の集団のようだった」と言っていました。本当に厳しい世の中になったものです。

第4章　外資系会社の内幕

◇外資系会社の内幕

意外と知られていない外資系企業の内幕——誤解に満ちたやっかみと違い、現実は厳しくも笑ってしまうことが多々あります。また、外資系について勘違いをして転職してきて、滑稽なしぐさを振りまいて、そして消えていく人たちも見過ごせません。

◇外資系金融会社の給料ってどのくらいなの？

よく「外資系の金融会社の人ってお金持ちなんでしょ？」って言われます。そんなことはないです、と言いながら「ちょっとだけね」とほくそ笑んでいる時期もありました。実際は、どうなの？　というみなさんが一番興味のあるお話を少しだけさせていただきます。

当然、年金制度などを考えると額面上の給与ほどの高給取りではありませんが、大体はこんな仕組みになっています。

まずは、外資系金融機関の大枠についてお話ししましょう。よく話題に上る外資系証券会社、そして外資系銀行、および外資系運用会社、そのほかに、保護預かり業務などを中心に行っている外資系信託銀行が主な業種です。この中にはちょうど「士農工商」のような暗黙のヒエラルキーが存在し、これが給与水準に影響しています。もちろん状況や環境で変わりますが、下記のような水準ではないかと思います。

士：とても高収入：証券会社（企業買収、ディーリングなど高収益分野）
↓2000万円から1億円以上
農：かなり高収入：銀行
↓2000万円から5000万円くらい
工：まあまあ高収入：運用会社
↓1000万円から4000万円くらい
商：そこそこ高収入：信託銀行
↓700万円から3000万円くらい

金額を見て「ふざけるな！」と思われる方も多いかもしれませんが、実際にはこんな仕組み、というか「落とし穴」があります。前に表記したのは、ボーナス込みの総年収です。米国系の金融機関は特にそうですが、クビにした場合の退職金計算や、固定費を下げるために日本でいうところの「固定給」はきわめて低く抑えてあります。ほとんど1000万円台、かなり偉い人でも2000万円前後だと思います。つまり、5000万円のボーナス込み年収の人でも、実際は基本給は1500万円で、ボーナス部分が3500万円というようなことになります。この場合、退職金は基本給1500万円をベースに計算されてしまいますし、年によっては年収が1500万円のみ、というケースもあります。

実際のところは、会社、国によってかなり差があり、今年1億円、翌年1000万円という極端なケースもありますので「これがスタンダード」というものはありません。とりあえず「話の種」として聞いておいてください。

当然、国内の一般企業の部長さんクラスでも年収は800万円前後ということもありますので、大きな差だというのは厳然たる事実です。ただ、日本の会社も金融機関や新聞社（意外ですが）はかなり高給取りです！　また、一部の国内証券会社では外資系への転職を防ぐために、支店長クラスには外資系並みの給料を支払っているところもあるようです（本人たちは決して本当のことを教えてくれませんが）。

さすがに瞬間的にこれだけ高給をもらうと、金銭感覚が狂う人も出てきますし、通帳に毎月100万円近くが振り込まれると気が大きくなるのは当然です。ですから、クビになるリスク、ボーナスがゼロになるリスクをとってでも転職、というのはよくわかる気がします。前述したような「隷属生活を続けながら、いつクビになるかとビクビクしている生活」が高給と引き換えに待ちうけているわけです。

数年前であればクビ、ボーナスゼロは「そのときはそのときです」と笑っていることができましたが、現在はそんなわけにはいきません。みなさんが転職する際には、単にお金だけでは判断せず、それ以外の部分も十分考えたうえで行動してください。

なお、そのほかにも外資系には見えないメリットもあります。たとえば、海外出張が多いことです（一部の事務職の方はそうでもありませんが）。海外の会議に呼び出されたり、打ち合わせと称して本社の様子をうかがいに行く、といったいろいろなチャンスがあります。かつては、休暇と出張をセットにして奥様の航空券も負担するゆるーい会社もあったと聞いてますが、たぶん今はそんなものは吹っ飛んでしまったでしょうね。

今、生き残っている同僚に聞くと「どうしても必要な出張以外はすべて電話会議で片付けろ」「片道5時間を超えない海外出張はすべてエコノミークラスを使え」などのお達しが徹底されているようです。

また、かつて会社によっては「全員グリーン車使用可」というところもあったようですが、これもたぶんすべて「廃止」でしょうね。どんどん世の中が厳しくなっているようです。こんなところにも「デフレ」を感じる今日このごろです。

外資系、特に給料の高い証券会社の人は夜遊びも盛んです。仕事が忙しいだけに遊ぶときもかなり激しくなりがちです。私の知り合いにも「毎日銀座通い」や「六本木フリーク」が何人か存在し、その人たちは湯水のようにお金を使います。もちろんそんなことを続けてお金が続くはずもありませんので、どこかで行き詰まっているようです。退職金代わりの株を売ったり、借金を結構作っているという話も聞きますし、こういう人たちはなぜか「博打」も好きです。海外のカジノでお金を使ったり、競馬に大金を賭けたりで、自己破産をしてしまった人もいました。

女性の場合、やたら買い物をしてストレスの解消をするという傾向があります。中には毎月100万円近く買い物をする人もいるようです。すごいですね。いったい何を買っているのか気になったので、聞いてみると、一度もつけていないジュエリー、着物など……ホステスさん並みのもののようです。女性のストレス解消はやはり「買い物」というのは洋の東西、年収の高低を問わず変わらない、ということでしょうか。

◇外資系の年収ってどういう風に決まるの?

日本の会社と違って、外資系金融機関の人は、ほとんどが中途入社で、入社時に会社が条件提示をするケースがほとんどです。最近増えた大卒の新入社員のケースは各社独自に他社動向を考慮して決めていますが、給与水準は日本企業に比べるとかなり優遇されていると思いますし、家賃の補助などの部分もしっかりしています。一部の非常に激しく人を「こきつかう」会社（労働条件の厳しい会社です）だと、睡眠時間を削ってでも仕事をさせるため、近所のマンションを借りやすいよう、あえて特別優遇措置を制度として設けているところもあるようです。

私のところも一時新入社員をかかえたことがありますが、よく働きますし、睡眠時間は5時間を切っていたのではないかと思います（ある部下は毎日2時間しか寝てない、と豪語していました）。

給料ですが、通常は固定給部分とボーナス部分に分かれます。基本的に固定給部分は12カ月割りで金額が保証されており、月々支払われます。ボーナスについてはほとんどの会社が年1回だと思います（四半期ごとに歩合のように払っている会社も数件知っていますが、一般的ではありません）。

ちょっと横にそれますが、どうやって入社するかについても少しお話をしておきましょう。管理職や営業についてはほとんどがヘッド・ハンターを通じた転職、あるいは会社にいる知り合いに紹介されて入るというケースですが、一般事務職や若い人はホームページ、新聞の広告を見てくるケースもあります。実は新聞の求人は結構出ています。

よく目をこらして探してみて下さい（日曜版が多いです）。

ヘッド・ハンターが候補者にコンタクトしてくるときは、たいてい匿名の電話で「あなたのことを、マーケットで聞いた、転職に興味はないか？」といった類のことを言い出すわけです。外資慣れしている人からすれば、「そーらきたぞ」というわけで、他の社員にはわからないように、席を外して電話をかけなおしたり、相手が評判の悪いヘッド・ハンターであったり、現在転職に興味がないときは、その場で適当にあしらって断ります。

実際は以下のようなやりとりです。

「こんにちは、ＩＹカンパニーの△△と申します（決してヘッド・ハンターとは言いません）」

「どんなご用件でしょうか？」

「実は○○様のお名前をよくマーケットでお聞きしております」

「それは、それは」

「今般、私どものところに××社から依頼がございまして、セールスのポストの責任者を探しているということなのですが、○○様は、このポストにご興味がございますでしょうか?」

「ちょっと、今はお答えできませんのでまた後でご連絡します」

「では、ぜひ携帯の番号を教えていただけませんでしょうか? こちらから○○様のご都合のよいお時間にコンタクトさせていただきます」

「わかりました。番号は○○○××××△△△です」

電話の主は外国人のケースもありさまざまです。日本人のヘッド・ハンターの場合は元金融機関の人も多いので、知り合いのつてをたどってやってくる（電話をかけてくる）ケースが多いですが、外国人は平気で理不尽な電話をしてきます。この後ホテルでお茶を飲んだり、先方の事務所で話をするようになると、事態は発展していきます。

また、こういった電話と単純なキャッチセールスの電話の区別がつかなくて、話がとんちんかんになり苦労したこともあります。こんな感じでした。

「こんにちは、○×カンパニーです」

「はい、何のご用件で」

「実は面白い話がございまして、ぜひ○○様にお伝えしようと思いお電話しました」

「どんなお話ですか？」

「ある会社の件なんですが」

「その会社は何をやっているんですか？」

「ファンドを出してます」

「ほう、それで？（ファンド会社からの転職の勧誘と勘違いしてます！）」

「その会社から是非○○様にお会いしたいということなのですが」

「今その気はないので、ちょっと」

「いや、実はそれでも一度は、と先方がおっしゃっているので（単に呼び出して取り囲み、ファンドを売りつけたいのですが、こういうふうにもったいつけて呼び出すわけです）」

「そうですか？」

「先方、かなり急いでいらっしゃるので、恐れ入りますが今日午後はお時間がございますか？」

「まあ、30分くらいなら」

「では、喫茶店△△に午後3時においでください」

行ってみたら、なんとも怪しげな「儲かる商品ファンド」の話だったという笑えない勘違いがありました。くれぐれも電話の内容にはご注意ください。


面接も最終段階に近くなると条件提示があります。その際に基本給、ボーナスのレベル、そのほかの特典（ベネフィットといっています）が提示されます。

年金など日本企業の定例のものの他、休暇日数、試用期間の月数（通常3カ月から6カ月くらいです）、家賃補助制度の有無などを告げられます。最大の関心事は当然基本給とボーナスです。

◇日本の会社と大違い！　外資系のボーナスの仕組み

ボーナスについては、日本の会社と違いさまざまかつ大きな金額です。まあ、この分が成功の証のようなものですから、リスクを取って外資系に転職した人にとっては当然です。ただ、実際問題としてこの提示金額は決して支払いが保証されているわけではなく、「業績次第でゼロもある」という話をされます。実際に最近はゼロのケースもあるようです。ボーナスの幅は企業によって異なります。一般的な傾向だけをお話しすると、米系の企業は基本給を極端に安く抑えてボーナス部分を年一度支払う形が多いので、ボーナスの対基本給比率が100％を超えるケースも多々あります。これに比べると、欧州・アジア系の外資はボーナス比率が低く、勤めるほうから見ると安定性がある会社ということになります。

また、金額が大きい場合は株式（ストックオプション）のような形で払われるケースもあり、複雑になっています。外資系に「一律」という言葉は存在しません。すべて個人別にレベルが異なりますので、社員同士給与明細を見せ合ったり、ボーナス金額を確認するようなことはほとんどありません。もし自分のボーナスが同僚より少なければ、上司にかみついて上げろという話にもなりかねません。

ボーナス金額の査定と決定については、私自身、何度も関わりましたが、実際には自分のチームの収益に見合ったボーナス資金を「ファンド」と称して本部との交渉でふんだくってくる（支給金額の総額を了承させる）ケース、社長との話し合いで平和的に配分を決めるケースなどさまざまです。

たとえば証券会社、特にM&A（企業買収）やディーリング等で収益が大きく動く部署では、ボスの腕次第でボーナスが大きく変動しますし、そのチーム内での取り分もボスの覚えがめでたいかどうかで大きく変わります。ここに上下関係でのセクハラがおきやすい土壌が存在しているわけです。

つまり、給料は人事部がほぼ関与せずに上司の腹一つで決定されるという、とても明確な力関係が存在し、「給料を上げたかったら上司に好かれること」が絶対条件なのです。もちろん、嫌われても収益を稼いでいれば他の部署からお誘いもきますが、外資系に入りたての若い女性や、ベテランで営業成績がふるわない人などは、こういう上司の餌食（セクハラ対象）になりやすいわけです。

◇ボーナス協奏曲、ボーナス時期は誰も働かない!?

ボーナスは年末から正月明けに支給されるのが一般的ですが、その前にまずボスが本社に出向いて地域別のぶんどり交渉をし、その後、各個人と配分の「闘争」をするというのが慣例です。これを考えると一部の米系の会社などは、この作業に2カ月もかけることもありますので、11月以降はほとんど仕事にならず、はっと気づいたらクリスマスということになります。

この時期は同時に、通常での成績不良者を切る準備をするタイミングでもあります。一般的にはボーナスの査定をゼロにして本人に明確に「会社はもう、あなたを必要としていない」とわからせて転職を促すケース。また、あからさまな配置転換を迫るケースがあります。日本の会社の場合、ボーナスの査定額がそれほど極端に変化しませんので、ここは大きな違いです。しかし最近は業況が悪くなって、たとえボーナスがゼロでも平気で居座る社員が出始めていると聞いています。景気のよかった時期とは状況は大幅に変わります。

余談ですが、特に外国人の場合、こういう「お荷物社員」はクリスマスパーティーの際に家族を全員連れて来て必死にアピールをします。つまり家族を見せて「私を切ったら、このかわいい子供たちが路頭に迷うので、どうか思いとどまってください」というわけです。恥も外聞もなくこういうことができるのは、やはり文化の違いでしょうか？

一方で他社への転職を考えている人は、この時期にボーナスの権利を獲得した後、本格的な転職作業に入ります。ボーナス支給基準については規則がさまざまで「支給をアナウンスした時点で当社に在籍していれば権利あり」というところから、「実際にボーナスを支給する日に会社に在籍していなければ払わない」というところもあります。

現在は、後者のケースが多くなりつつあります。なんたって、自分から転職する人は「稼ぐ人」ですからボーナスも引きとめ料を含めて高めに設定します。それがもらった途端に「転職します」では、支払ったほうも割に合いません。ストックオプションはこういう問題を解決するため、受け取る権利（ベスティング「vesting」といいます）が少しずつ発生し、何年かたたないと全額もらえない仕組みになっています。つまり、転職の防止手段にもなっているわけです。

ボーナス前後はそういった意味でいろいろ人事関係が忙しく、ボーナス支給前はクビ切り交渉、支給後はやめる人間の引きとめ工作、退社手続きと、管理職にとっては、あっという間に2月、3月ということになります。大物になると、早めに動くことで受け取れなくなるボーナスを新しい会社が保証するケースがあって、これは実質的に「支度金」になります。外資系ではこの支度金のことを「移動費（transfer cost）」という言い方をしていました。たしかに移動に費用がかかりますよね。ずいぶん高い移動費だと思いますが……。

年収のレベル、ボーナスレベルについては、かなりいいかげんに決められます。もちろん人事部側では同年代、同業種の給料水準を調査したうえで実際の採用担当に話をしますが、ほとんど無視されます。採用する側とされる側の阿吽《あうん》の呼吸でかなりレベルが変わってくるわけです。そうなると「はったり屋」がやたら高い給料を取って、まわりの同僚と不協和音をかもし出してしまう、ということも多々起こってきます。給料とボーナスが上司の胸三寸で決まるというのも、極めて中小企業的です。

◇人事部は形だけ？　最終決定はラインの責任者

さらにお話をすれば外資系の会社の人事部というのは採用活動の手伝いをするだけで、採用の最終決定は各々の部署（ライン）の責任者というのがほとんどです。積極的に採用の意思決定に加わったり、自主的に人事政策を打ち出して社内のコントロールをする日本の会社とはまったく違い、あくまでも「お手伝いと事務手続き」の部署になっています。結果として人事部には意外と若くてかわいいけど頼りない女性が増えたりします。ひどいところでは、人事部長以外はすべて若い女性という、ハーレム状態で仕事を適当にまわしている、なんて笑えないケースも見受けられ、業界の話題になったこともあります。

ラインの部長が大きな採用権限を持っているため、営業部門を強化する場合に、部長クラスが自分の息のかかった「軍団」を組成するために自分の元部下をそこいら中から集めるというような荒業も可能になるわけです。

ある意味、自分の思い通りのメンバーを集めやすいように組織もシンプルにできあがっているともいえるわけです。採用ルートについて、前の頁でちょっとお話ししましたが、みなさんの想像以上に知り合いのルートをつたっての採用というのが多く、「お友達軍団」というような集団ができあがることもよくあります。「お友達軍団」は、業況のいいときには成果を発揮するケースが多く、これはこれでよいのですが、いったん業況が悪くなると「お友達軍団」が「傷のなめあい集団」に変化してしまうリスクもあり、実際にそんなケースを多数見てきました。人事部側から採用状態の偏りを指摘されたとしても、ラインの長が「成績第一」を強く主張すると、誰も反対できません。そういう問題をかかえた集団が、何かのきっかけ（多くは業績不振ですが）で一度崩壊すると外資系金融機関はあっという間に荒れ模様になり、「お友達軍団」とそのほかの連中が対立し、社内の不協和音は最高潮となります。そういった中でリストラのうわさでもでようものなら、怪文書が出回ったり、勝手に軍団と敵対派のリストラ対象者リストが出回るなんてこともあります。「貧すれば鈍する」の諺をまさに地でゆく典型事例でしょう。

◇出世と昇給

基本的に外資系で働いている人は、どちらかというと「出世より金、地位より実務が好き」という人が多いものです。でも、やはり長く会社にいると「タイトル（地位）」も、気になります。「出世」「昇進」はしたいという人も現実には結構いて、出世競争というのが起きます。とはいえ部長、課長というタイトルは営業上の必要から日本の会社に合わせて便宜的に付けたタイトルなので、ややインフレ気味で社内的にはあまり意味がありません。むしろ社内的には別のタイトルが存在して、それを一つ上にしてもらう、というのが実質的な年収増になったり、部下が増えたりというケースがあります。

会社によってタイトルはそれぞれ違いますが、大枠だと、見習いレベル（アソシエート、ジュニア○○○というタイトルが多いですね）、一人前レベル（ヴァイス・プレジデント、プリンシパルなどを使います）、部長クラス（ディレクターなどを使います）、役員クラス（マネージング・ディレクター）に分類され、部長から役員にかけての競争はかなり激しく、運・不運、上司の覚えがめでたいかどうか、が大きなカギになります。

社内での昇格は英語で「プロモーション（promotion）」と呼ばれ、大体年1回、大規模な昇格会議があって候補者を割り出し、その中で上司が集まって会議を行い決めていくケースが多いのですが、単に日本だけにとどまらず、海外で一斉にこの作業をやるケースも多いようです。この昇格がうまくいったケース、長くやっているのに駄目なケースは極めて不公平で、当然「選挙運動」のような行為を行う人も大勢います。ボーナス時期と同時にこの昇格（プロモーション）シーズンも上役、上席者がまったく仕事をしなくなる外資系の「農閑期」でもあります。

◇外資系金融機関のファッション

かつてのトレンディードラマには、よく外資系のビジネスマンが登場し、画面上を闊歩していましたが、そんな人が実際にいるんです！

勤務先は、外国人の好みもあって大手町、赤坂、六本木に集中し、しかもどのビルも近代的でいかにもそういった人々の好みにあうような舞台を形成しています。正直、こういった「なりきり人形」は3割くらいですが、たしかに存在します。ある意味時代遅れでもあるのですが……。

まず、スーツですが、なぜか「ブルックス　ブラザーズ」が大のお好みです。値段は高いですがやはりスーパーのものとは違う！　と本人達は思い込んで着こなしています。もう少し高給になると香港製の仕立て品、イタリア製などを着込みますが、あくまでも相手がお堅い金融機関なので、通常は濃紺系のスーツでビシっと決めます。これを業界用語では「パワースーツ」と言います。

女性も同様で、濃紺系のスーツをビシッと決めたがります。こういった格好で肩で風を切って歩くのが、この人達の理想です。当然、ワイシャツは白か、薄いストライプで色物はブルーまで。これが世間の常識と違って「イケてる」ファッションです。また、最近の傾向では、会社内とアフターファイブはノーネクタイで「チョイ悪」系というのが特徴です。そういった人を六本木界隈、赤坂界隈で見つけたらきっと「外資系」ですよ！

こういう人達が必ず持っている小物があります。「ブラックベリー」という携帯端末です。最近は個人使用も可能になりましたが、かつては外資系のステータス・シンボルに近いものでした。これはいつでもどこでも会社のメールが見られるわけです。ただ、裏を返すと「四六時中会社から監視され、連絡を取らされる」ということです。六本木ではじけている最中に入ってきたメールを見て、あせって会社に帰る、なんてことは日常茶飯事です。でも、もらった当初はうれしくて、駅のホーム、レストラン、はてはおねえちゃんのいる飲み屋やバーでみせびらかします。これは非常に人種を見分けやすい小物です。

最後にネクタイと旅行カバンです。ネクタイはなぜか「ピンク」とか「黄色」がやたら好きです。そういった人達のボスがしているケースが多いのです。英国人が特にこの傾向が強いようです。米国の人は実はファッションに関しては「イモ」で、偉い人でも、日本人から見ると変な格好をしているなんてことが結構あります。

出張のときの旅行カバンはビジネスクラスのチケットとともに、彼らが優越感を味わう場なので、TUMI、Hartmann といったメーカーを好みます。決してルイ・ヴィトンは持ちませんので！

まとめますと、濃紺のスーツ、白の仕立てのいいワイシャツで、ブラックベリーを持っていたら、まず外資系金融マン。アフターファイブにノーネクタイで格好つけてバーで飲んでいたら、まず間違いありません！　そういう人にお尋ねください。「あなたは、ええかっこしいの外資系金融マンですか？」

◇意外にウェットな外国人の精神構造、気配りは日本の会社以上に必要

「外資系への就職」を勧誘する場合「働けば働くほど認められる」「実力主義、働き次第で年収は思いのまま」なんて言葉が連呼され、それにつられて夢の世界にふらふらと、という人も多いと思いますが、実態は少し違っています。特に上下関係は、日本よりもウェットで、現代の日本の若者からみると「うぜー」という部類に入ると思います。

まず、日本の会社はある程度「組織」ですが、外資系は往々にして「親分子分状態」がはっきりしているところがあります。上司の権威は口でフラットと言うのとは反対にかなり強く、上が「ＮＯ」といったら「ＮＯ」です。日本人のように会社に対する甘えから、なんとなく上司にたてついて意見を言って、英雄扱いされたがるなんて行動はもってのほかです。

もちろん、「議論」という隠れ蓑を使っていろいろ意見するケースはありますし、実際に「無理だ」と言わざるをえないケースもありますが、このあたりの匙加減《さじかげん》を間違うと大変なことになります。

私も日本の「大企業」出身ですので、人事に関しては「やんちゃをしても誰かが見ていてくれる」という甘えがありました。事実日本の大企業では、そういった意味での人事部門のきめ細やかさは天下一品です。お気づきのようにこの背景には終身雇用制度があり、これが崩れてもその考え方が依然として残っています。一方、外資系では使用する側の外国人のほうも口では「意見を言え」と言いながら、自分にたてつく奴は大っ嫌い、てな輩が多いのです。

何もわからず日本に来ちゃったという外国人も多数いますので、孤独、不安の中にあって、「太鼓持ち」は必要悪でもあります。

当然、土曜、日曜を問わず引っ越し、子供の学校などで部下が面倒をみたりするケースが多々あります。こんなときに威力を発揮するのが独身の「お局様秘書」です。彼女らは外国人を手玉に取ることにかけては群を抜いています。公私関係なく彼らの世話をすることで、自分の絶対的な地位を確立しているケースが数多く見られます。

◇ヘンな日本人の集団(コウモリ軍団)

最近はだいぶ改善されてきましたが、外資系には日本の会社にいない変わったタイプの人も多くみられます。特に勘違いをしている人が多かったです。小さなオフィスで長く勤めた人によく見られます。外資系にも「お局さま」は存在するのです。彼女達は、長く勤務していることで日本に駐在している外国人からは重宝がられます。一方で、会社の中では規則にルーズになるとともに、都合のよいときは「外国人」としての権利主

俺は外国のルールで生きているから、そんなのわからないっ
ぺっぺっ
と、いうのが口グセなのに
都合が悪くなったとたん
俺は日本人だから、そんなことはできないっ
来週の日曜は俺の別荘でバーベキューだ
ガハハハ
げっ！またかよ！
こんな上司と仕事をするくらいなら、前の会社に戻りたいよ……
バーベキューレシピ
もう戻れないけど…

張をし、都合が悪くなると「私は日本人だから」という主張をします。

また、外国人の太鼓持ちだけで出世してきた人たちも多く見受けられました。ここ20年くらいの海外への門戸開放で、金融部門では外資系で早くから働いていた人達が業界の「急成長」の恩恵を受けて、身に余る地位と収入を得るケースがありました。彼らは日本企業のドロップアウト組ですが、かつての同僚がうらやむくらいの財産を手にしています。この種の人はまず「別荘」を国内、海外に持ち、これをみせびらかします。まるでどこかの町工場の「おっちゃん」が、初めて買った別荘に従業員を呼ぶように、「会議」と称してそういったことをやりたがります。

まさか、外資系に移って土日にお偉いさんの家でバーベキューの準備をするなんて、誰も考えてもみないことでしょう。日本の会社だって土日のイベントはなくなっているのにです。この種の人達の「三種の神器」は「海外、国内の別荘」「外車のオープンカー」「都内の高級マンション」です。これに「彼女」がくっつくケースも多々ありますが、このへんは触れないでおきましょう。

彼らの評判が悪いのは、自己主張と保身のうまさが原因です。「成長期」は自分のおかげで成長したと本社に主張し、「低迷期」は部下のせいだと主張して主要メンバーのクビを切るという行為を繰り返してきているため、極めて部下、業界の評判が悪いんです。このタイプは確実に他の外資系への転職は無理です。したがって「怪しげ」なビジネスを「コンサルタント」という名刺を使って始める場合が多く、六本木のキャバクラや、銀座に出現する「青年実業家」同様「何で食べているの？」という質問が禁句の相手です。

彼らと仕事をするくらいなら、いっそ前の会社に戻って、と思ったところでもう帰るべき家はないのです。トホホホ……。

◇まだいた絶滅種「外資お局マダム」

こんなことがありました。ある秘書で、すでに会社に15年以上いる古株のこの人は、なぜか日中に美容室に行って行方不明になるので有名な人でした。ある日本人の上司が彼女に仕事を頼むと、「なぜ私がやらなくてはならないのか？」と強引に拒否します。

こんなときはたいてい外国人の上司に甘え声でチクリます。泣く泣く日本人の上司は自分で秘書仕事をやらざるをえません。一方、外国との会議のアレンジや、残業が発生するとなると、こんどは「日本人」に早変わりです。「日本人だから無理です」とくるわけです。このコウモリお姐さんは、ときには労働組合の委員長、ときには外国人の最もよき理解者かつ手下（実は外国人も彼女を持て余していたのですが）として縦横無尽に社内を仕切る、恐ろしい「女帝」となっていきました。もう、誰の手にもおえません。

ちょっとイメージしてみてください。神谷町やら、六本木で高いヒールをはいて高そうな服を着、ちょっと年齢がいった「お姐さま」が喫茶店で外国煙草をくゆらせながら、「うちのボスがねぇ、Emiko、Emiko ってうるさいのよね。まったく何考えてるのかしら？」と自慢げに話している姿を。

この種の人たちは大多数が、秘書業務および日本人との共同作業に関して極めて「無能」です。が、その無能を日本人社員が非難しようものなら、恐ろしい「チクリ」が始まります。まず、彼女を非難した日本人は半年以内にいなくなるか、異動させられるでしょう。

うちのお局様、朝はさっそうとおでまし
サラ
おはよーー
サラ
とはいえ、明らかに遅刻……
うちのボスがEmiko! Emiko! ってうるさいのよねー
サラ
サラ
プハー
こいつは……
サラ
サラ
Emiko 今日も「髪」キレイだね
長い黒髪は外国人に対しての最大の武器らしい
サラ
サラ
ホホホホ

では、Emikoさんの仰天ストーリーについてもう少しご紹介します。

彼女は短大を卒業してある貿易商社に入った後、おきまりの米国留学、その後に「外資系」の世界に身を転じたわけです。若いころはそれなりに家庭での幸せを目指していたようですが、外国人さんとの様々なお付き合い（当然恋愛もあったでしょう）を経て、現在の地位に「上りつめた」訳です。

彼女は9時すぎ（遅刻です）にさっそうと会社に登場し、なにくわぬ顔で「下僕（外資系企業に勤める日本人の皆さんで、なかなか外国人と親しくお話ができず、彼女に逆らっても抗弁ができない人々のことをこう呼びます）」達からの挨拶を受けます。

「おはよう」

「おはよう、下田ちゃんも元気そうね」

ちなみに「下田ちゃん」は人事統括部長で、結構偉いんです。

彼女は常にブランドものの洋服を着こなし、怪しげな網タイツや、素足だったりします。このへんはトレンディードラマと一緒ですね。でも、実際この種の方はお顔に特徴があります。なんといっても「典型的な日本人顔」をしています。決してブスっていうわけではないのですが……一重まぶたに、しもぶくれ、眉毛はゲジゲジ、みたいな。でも、彼女は素晴らしい武器を持っているのです！　それは「長い黒髪」です。なぜか、外国人はこれが大好きです。これがあれば顔なんかどうでもいいようです。どうか、街を闊歩する外国人と日本人のカップルにしばし目をやってください。ほとんどの場合、長い黒髪で「七難隠す」タイプが多いんです（諺に、色の白いは七難隠す、というのがありましたが、この場合長い黒髪は七難隠すってわけです）。

そして、おもむろにボスに挨拶。

「ジョン、おはよう」

「Emiko、元気だったかい？」

ほかの人は部屋の外から「ふざけるな」と怒りもあらわに横目でにらみます。なんといっても彼女は驚くほど仕事ができないんです。客からのクレームのファックスをマシンに1週間置きっぱなしにするわ、海外からの出張者の予定を1週間忘れてしまうわ、強烈極まりない仕事のできなさです。

なぜ、彼女は生き残れるのか？　もちろんボスへの貢献もありますが、ほんの少しのリスクもない仕事で「超忙しい」ふりをする名人だからです。特にボスが見ているときと、そうでないときの態度の差はジキルとハイド並みでまったく違います。そして彼女の最も強い味方は外資系独特の「女性に対する甘さ」なんです。相当厳しい外資系でも管理職クラスを除いて、めったなことでは女性はクビになりません。この利点を最大限生かしているのが彼女です。すでに10年近く会社に「君臨する」彼女としては、もう盤石の地位を確立しています。何人かが彼女に対して無茶な闘いを挑んで、そして消えていったそうです。

そして今では彼女に逆らうものは誰もいなくなってしまいました。

◇ずる休みの名人

皆さん、「Sick Leave」という言葉を聞かれたことがありますか？「病欠」という意味です。病気で休んだ場合有給扱いにならない、というのは日本の会社でも一緒でしょうが、外資系では、これを公然と通常の休みに悪用する輩のなんと多いことか。

あれ？ Shigeko さんはまだ来てないの？
今日は金曜日ですからねー
Shigeko さん、今週も病欠だそうです
そうかーまた病欠か
彼女は「Sick Leave」をよく使いますよね
診断書ってすぐ出るからね
制度を悪用しすぎですよね

Shigeko さんは Sick Leave 利用の第一人者でした。なぜか、彼女は2週間に一度は突然お休みになられます。朝起きると異常に気分が悪いらしいのです。そして会社には病欠（Sick Leave）として届を出します。この分は「診断書」さえ出せば制限のない会社もありますので、やり方次第では、「毎日が休暇」なんてこともできます。実際通常3日以内は特に診断書もいらないので、結構簡単にこういった休暇を取ります。Shigeko さんは実に巧妙かつ定期的にこれを取ります。なぜか彼女の Sick Leave はいつも木曜、金曜か、月曜、火曜なんです。変ですよね！　日本の会社でこれをやったら上司からぐちゃぐちゃ言われるのが当然だと思いますが、外資系の場合女性に余計なことを言った瞬間、逆に訴えられるリスクもありますので極力そのような話はしません。ところが、彼女はもっとすごいことをしました。ある資格試験を受験しようとしていたShigeko さんは、なんと1カ月連続で Sick Leave を取ったんです！「さすがに診断書なしで、そんなズルはできないだろう」とお考えですか？　でも、診断書って簡単に出るんですよ。痛くもないのに「痛い」、気分が悪くて会社に行けない、神経性の病気だったら余計です。実際にそのような病気で苦しまれている方にとっては許し難いことだと思いますが、「制度の悪用」が横行しているのは事実です。こんな部下をかかえた上司はたまりません。

これが「主婦」のケースだとさらに方法があるのです。会社によってはないところもありますが、ご参考までに。「Family Matter（family-cave leaveともいいます）」という名前の休暇を設けている会社があります。これは外国人さんが日本に勤務する際、家族について学校、役所などに行ったり、奥様が病気になった際病院について行ったりするための休暇制度です。趣旨はとてもいいものですが、これをいざ悪用しだすと、すごいことになります。「子供が病気」「学校の用事」「両親が病気」など、理由はいくらでもつけられます。終身雇用型の日本の企業であればお互い付き合いも長いので、極めてバレやすいのですが、外資系は基本的に「他人の集まり」ですから、やり放題。こんな集団を部下にかかえたら、あなたの人事管理はどうなっていくのでしょうね？　ブルブル。

◇英語がうますぎる馬鹿（語学バカ）と全然ダメな馬鹿

かつて、外資系がなかなか人材を確保できない時代にこの世界で生きてきた帰国子女や海外勤務が長かった人で、「外国語をしゃべれること」が特権だった時代に、猛威をふるっていた人種です。依然としてこの人種が生き残っているケースがあります。とにかく外国人の上司にはなれなれしいのですが、日本のお客さんに関してはからっきし、っていう場合が多いんです。

以下Taroさんの事例です。15年ほど前に日本の証券会社を辞めて、まだ規模的にも日本では小さかった米系の証券会社に入りました。当時まだ日本に進出したばかりの証券会社での顧客開拓はつらいものでしたが、彼にとって大きな幸運だったのは、バブル崩壊後ガタガタになった日本の証券会社に代わって日本株式の取引を一手に引き受けた証券会社の一つが彼の職場だったのです。苦手とした商売は一気に膨れ上がり、彼の地位も上がっていきました。そして極めて奇妙なことに出張でやってくる外国人のボスか

Taroさんは
一流大学を出ていたので
若かりしころ、会社のお金で留学しました
ちゅいーん
MBA取得者だったので
「優秀」扱いされそのキャリアを生かして転職
MBA持ってんの?
フフーン♪
Youの考え方はダメだよ。もっとinformationをシェアしなくちゃ!
話にならん!
今日も日本語と英語が混じってますね
無能なクセに
たいした実力もないのにね

ら「お前の成功の秘訣はなんだ?」と聞かれるわけです。Taro さんは「運がよかっただけで私は営業は苦手です」とは答えるわけにいかず、あることないことをでっちあげて外国人の上司に報告したわけです。彼は若かりしころ、営業はダメでしたが一流大学を出ていたこともあって、会社の金で「留学」をさせてもらっていたのです。これが大変役に立ちました。彼は「MBA取得者」でした。MBA(経営学修士課程の修了者)は欧米では、幹部候補の切符とみなされており、日本でいうと東大、慶應、早稲田出身の優秀な人、みたいな理解です。もちろんこれらのレベルもいろいろなのですが……ともかく彼は最初から「優秀」扱いされていたので、その波にのったわけです。このまま一つの会社で出世していけば、ある程度の地位を与えられて「すばらしい人生だった」と終わったかもしれませんが、なかなかそうはいきませんでした。彼はそのキャリアを生かして転職をしますが、結果を出せず苦しみます。私がお会いしたころはご自身の考える「実力」と「現実」のギャップのあまりの激しさに、まわりの人が「ドン引き」状態に陥っていました。

この種の人種は「生きるため」なんでしょうが、必ず二つのことを実行します。一つは本社にいる上司への「ご報告」をまめに電話、メールで行います。これを英語で「Update（アップデート）」なんて言ったりします。キザですね。そうそう、こういう人は日本語と英語が混じっている、よくテレビに出てくる「ハワイ出身の日系二世」みたいなしゃべりになるんです。「You の考え方はダメだよ。もっと information をシェアしなくっちゃ。ボスもきみからの update を待ってるよ」。まったく、むかつきます。特に出張者が来た場合、率先して怪しげなところも含めた接待を濃密に行います。「官官接待」ではありませんが、彼にとっては最も重要な社内営業の一つです。なぜかこういうときはすべて会社の金です。

そして、会社に危機が来たときにこの情報網がとても役にたちます。彼はひたすら自分がいかに悪くないか、ほかの人間を鼓舞したがうまくいかなかったかということを本社に細かく様々なルートから報告します。そして、さらに自分の行為を正当化するため、「犠牲者」を作りあげます。「○○が悪い」と巧妙に接待を繰りかえしながら上司に報告し、「その人」を業績不振の犠牲者とするのです。「血祭り」にあがりやすいのは、なぜかリスクをとって営業を推進したり、部下をかばって本社とやりあう人です。日本の会社において、上司は普通、副次的な情報網を持っていますが、海外本社の連中の日本に対する情報網はたかが知れています。Taroさんのように部下を血祭りにあげたり、同僚を食い物にして生き残ってきた「語学馬鹿（外国語ができる以外何の取り柄もない人）」が発信する情報が唯一の情報源になってしまい、いくつもの悲劇を呼び起こします。

一方最近増殖しつつある、語学、外国人の相手がまったくダメなのに外資系に入ってくる人がいます。外資系金融機関の規模が拡大し、その中で日本の業務を実際にこなす人が必要になってきました。当然こういった中で実務上非常に優秀な人にも門戸が開放され、人材の流入も行われてきました。が、一方でこんなどうしようもない人も入ってくるんです。Makotoさんは超有名国立大学を出て、大手都市銀行に勤務していたのですが、3年前に転職を思い立ちました。彼は「俺はやっぱり外資系でバリバリ稼いだほうがいい」と勝手に勘違いして、いろいろ情報収集をしました。多くの情報は間違っており、かつ彼の取引先である外資系に勤務する人から入る情報は極めておかしなものでした。

僕は超有名国立大学卒業で、大手都市銀行勤務
やっぱり、外資系でバリバリ稼ぐほうがいいなぁ
取引先の人も「英語力」は必要ないって言ってたし
ぜひ一緒に働きましょー（おべんちゃら）
転職しよう！
ところが……
じゃあ、自己紹介してくれる？英語で！
えー一っ！
英語力なんていらないって言ったじゃないか！
くわっ
そんなこと言われても……

「Makotoさん、〇〇大学出てこの銀行のエリートだったら、どこだって引く手あまたですよ、英語なんてたいして使いませんから心配ない、心配ない。ぜひ一緒に働きましょうよ」

「そうかな、おれもまんざらでないな」。銀行の業務に不満があった彼は、一気に転職を意識するようになりました。後でわかったことですが、こんなおべんちゃらを言った人は、彼が自分の会社を受験しようとすると、あの手この手で阻止したようです。

大体取引先の言うことを真に受けるほうがおかしいですよね。「英語がいらない」と言ったのは、ある程度事実です。あなたが、外資系の周辺業務やあまり主要でない業務に、高いタイトルでなく働く場合、語学力のなさもそれほど障害にはなりません。が、彼が狙っていたのは、いきなり管理職ポストなんです！

Makotoさんはめでたく某米国系銀行の部長待遇ポストをゲットし、さっそうと出社しました。朝彼が通された会議室は、管理職が全員集まるミーティングの会場でした。いきなり英語で紹介されたMakotoさんは自身も英語であいさつをするように日本の代表から言われ、どもり、あせり、大汗をかきながら本当につたない英語であいさつをしました。その場の反応は当然「？・？・？・？」です。その後連日続く外国人との会議で、まわりから疑問の声がわきあがってきたのです。そう、彼は入社1カ月にして立場がなくなり、閑職に追いやられました。このままでは2年くらいしてリストラ対象になるのは、火を見るより明らかです。こんな悲劇は日常茶飯事です。

一流大学を出て一流会社に入り、転職後の現在の会社では目立った成果も上げていない人、こんな人はとても危険です。「世の中なめるなよ！」と言ってやりたいですね。また、Makotoさんのような人たちが必ず口にするのは「前の会社自慢」です。「私がいた○○銀行はこうだった」「ここと○○銀行は違う、こういうところがダメなんだ」。本人は親切のつもりでしょうが、ほかの人はたまりません。日本の銀行員が出向先の中小企業に転職してうまくいかない典型的な事例とまったく一緒です。こんな話は単なる「上から目線」と言われるだけなんです。外資系がいいと思って転職した人だって、みんな「話が違う」と現実とのギャップに悩んでいるわけですが、それを逆なでするような話をされれば、誰でも頭にきちゃいます。彼はこの先どんな人生を歩んでいくのでしょうか？

◇とんでもないエリート社員

私の知り合いでこんな人がいました。Haruyoshiさんは元銀行のエリートで東大出です。身長は180センチ近くあって、苦み走った顔、人当たりもよく上司の受けも上々でした。しかし、この仮面の下にはとんでもない素顔がひそんでいたのです。まず、彼は非常に利に敏い人で、自身でも証券投資を行っていました。当時はまだ、コンプライアンスもそれほど厳しくはない時代、彼はすでにインターネットを通じた株式取引を行って大きな利益を得ていたようです。通常この種の取引は現在では、会社に届け出をし、売買に関しては様々な制限が課せられるため、後のトラブルを避けて誰も行わないのですが、彼はなんと毎日出社するとトレードをしていたのです。それも会社の内部情報をベースに先取りして。この件は金融庁の検査時に彼の机の上がだらしなかったことで、検査官の目にとまり発覚したようです（詳細についてはプライバシーの関係もありこれ以上申し上げられませんが）。これをきっかけに彼の悪事がことごとくバレて、か

Haruyoshiさんってステキですね
これは表の顔
仮面の下では――
今回は会社の内部情報で、株で大儲けだったな
くくく
次は不動産投資だな
しかし、悪いことはいつまでもできる訳なく、ついに彼はクビになりました
ええっ
ガーン
Haruyoshiさんがクビに!?
彼の子供ができちゃったのに――!
わーんっ
え゛ー―っ

れは懲戒免職となりました。そのほかの罪状は次のとおりです。

まず、家賃補助制度の悪用を行っていました。通常「自宅」は借り上げの対象になりませんが、彼は数件の不動産投資をしており、その一件を不動産業者に委託しておりました。そして不動産会社経由でいかにも賃貸契約をしたように見せかけ、会社に契約書を提出して、まんまと「自宅」に会社が家賃を支払う形にしていたのです！　通常の賃貸契約の当事者が不動産業者に委託されている場合、物件の所有者は契約書上にあらわれません。それを悪用したわけです。不動産屋さんは当然彼の飲み友達だったとか。

これに加えて、会社内でもお盛んな彼は、なんとトリプル不倫をしてそのうちの一人を妊娠させてしまった、という事態が後で発覚しました。もう会社を辞めているので後の祭りでしたが、話を聞いて人事部も慄然としたようです。もちろんこの事件自体は解雇の理由にはなりませんが、外資系においては、不文律でこのような事件を起こした場合、男性が責任をとるケースが多いのです。ただ、これは大きな会社での話で、小さな会社でしかもトップに近い人がこの種の事件の当事者の場合、日本の中小企業のケースと同様誰も話をできず、見過ごされるようです。

Haruyoshiさんの場合、発覚が遅れたのは、彼の上司が彼の営業成績を惜しんで黙認ともみ消しに加担していたことと、彼自身の巧妙なカモフラージュがあったようです。

別のある会社では、社長さんが愛人を秘書にして、彼女のマンションのための家具を会社の備品として購入したり、会社の経費で飲み食いを続けたりを繰り返した後、解雇されたケースもあったようです。これにしても結局発覚まで2年近くの歳月を要したようです。

洋の東西を選ばずこういった話の種はつきませんが、ある程度しっかりした組織の企業では、暗黙のルールが存在するものの、「日本法人」「日本支店」という単位の場合、上級管理職が犯した罪の発覚が遅れるケースはやはり、外資系のほうが多いという事実は否めません。

◇恐怖のアマゾネス

外資系金融会社には女性で大活躍されている人が大勢いらっしゃいます。これは、日本の企業の比ではありません。部署によっては女性管理職がすべてを仕切っているケースもあり、まさに外資系企業の「華」ではありますが、一方で鼻もちならない勘違い人種も存在します。

外資系の企業においては女性の地位は日本企業のそれに比べて圧倒的に高いのは事実ですし、公にもそう発表はされていますが、まったく平等とは限りません。「見えない（またはガラスの）天井」というのが存在して、本当の意味での出世には幾多の障害がありますます。そういった批判をかわすために、経営側は何人かの「見本（英語では role model とか showcase とかいわれているようです）」を作って「君たちもがんばればこのようになれるよ」と女性の社員を鼓舞するわけです。いわば会社が作った「虚像」です。

こういう人達は、若くして男性よりも早く出世して部長・役員待遇になりますし、会社としても、わざと雑誌の取材に彼女達を登場させたりして、「女性が働きやすく、自分の希望を達成できる職場」を強くアピールします。特に米系の企業はこの傾向が強いようです。

彼女たちは、見た目は「仕事ができて素敵なキャリアウーマン」を演じています。しかし「華」の裏側で精神的なプレッシャーと闘っている分、さまざまな問題を社内で引き起こすことがあります。彼女たちは全般的に社内の同性から恐れられており、よく「女帝」とか「鬼」「蛇」とか陰口をたたかれているのです。本人たちは「同僚の女性が成長するためには私が厳しくしなくてはだめなのよ」と思い込んでいるようです。一部の出世が早い女性は30代後半で重要な職（管理職）につきますので、当然部下には男性、女性も含めて年上の人達が存在します。男性上司であればそのへんは、相手に対して年齢差を尊重した物の言い方をしますが、彼女たちはなぜかわざと、ぞんざいで男っぽいというより「野卑」な口の利き方をします。やはり男性への対抗心なんでしょう。

部下をしかるときにこんな会話がありました（叱られているのは、彼女とほぼ同年代の男性社員です）。

「あんた、客のとこ行って何話してんの？　全然成果上ってないじゃない。もっと突っ込まなきゃ駄目よ」

「きちんとお話はしているのですが、なかなか成約に結びつかなくて」

「女くどいて、ホテルに連れ込むぐらいのエネルギーでやんなさいよ。あれ（男の一物です）、ついてんでしょ。オカマじゃないんだから」

「……（おまえにそこまでいわれたくねえよ）」

「だいたい、あんた、頭悪いのよ、どこの大学出てんのよ。私立大卒はダメねえ（彼女は国立大卒、ＭＢＡ、海外留学経験者です！）」

「はあ（そんなこといわれたってしょうがねえだろ、この馬鹿女！）」

当然、彼女は個室を持っているので、こんな会話はほかの社員の面前でやりません。だって、これは一種のパワハラ（一部セクハラ）ですからね。

◇アマゾネス、朝の一コマ

こうした職場の朝は、彼女の出勤とともに、男性社員の嘆きと、女性社員の恐怖のドラマが始まります。彼女は数件の主要客である程度の成果を上られるので、余裕です。朝の出勤はなぜか、ほぼ全員がそろったちょっと後、まるでお出迎えを課すように登場します。そこに一斉に「おはようございます！」と部員の声。それに対して彼女は「満面の営業スマイル（というよりは銀座のおねえちゃんスマイル）」を作ってそれぞれのメンバーを一瞥しながら、彼女が要求した「個室」に入っていきます。外資系の役員クラスは「個室」を持っており、彼女はまだ部長クラスのときから、その「個室」に異常にこだわって手に入れました。

席につくなり、カフェオレとクロワッサンを食べ始め、「ああ、今日はちょっと血糖値が低いわ。昨日の接待の疲れかしら」と、だれかが入ってきたときにわざと言い放ちます。彼女は若いときに会社に営業サポートとして入り、その後異例の出世を遂げているので、基本的にはだれも文句を言えません。が、実は、彼女はリストラ、政治闘争で去っていった上司の客をそのまま頂戴しただけ、という裏の事実もあり、一部ではよくない噂が飛び交います。

異例の出世にはつきものの、「上司と寝たんじゃないか」「客にパトロンがいる」などの根も葉もない（か、どうかはだれもわかりませんが）噂の波をかきわけ、かきわけ、泳ぎきったわけですから、彼女は今がまさに頂点！　というわけです。彼女とこんな会話をしたことがあります。

「すごいね、部下がみんなビシっとしているじゃない」

「私はこの部署では女王様よ、だれも私の言うことには逆らえない」

「でも、結構プレッシャーもあって君自身きついんじゃないか？」

「そんなことないわよ。みんなが私に注目してるんだから」

「ふうん（大した自信だな）」

「この前、ある会合に言ってしゃべったんだけど、私がこれから何をするのか、というのをみんなが注目しているのよね。こんなに自分が注目されていると感じると、気持ちがいいもんよ。がんばらなくっちゃ！」

「すごいね（普通、そういうことなら自分の身を正すもんだろ！　こいつには『実るほど頭をたれる稲穂かな』なんて言葉はまったく関係ないんだ）」

会話の途中で飯がまずくなったことを覚えています。でも、私も彼女とうまくやっていかないと客の取り合いや、とんでもない誹謗中傷の嵐に巻き込まれかねないのです。

くわばら、くわばら。

こういう人種と付き合うときのコツは「絶対に話を否定しない」ことです。議論になってしまうと、まるで離婚寸前の女房のようなかみつかれかたをします。一回「エリート」の服を脱ぐと、そこには煩悩まるだしの「女」が存在しているのです。そのしつこさ、執念深さは恐ろしいものがあります。犠牲になった同僚、上司のどれだけ多かったことか……。

◇正月の風物詩

別の会社なのですが、こういう軍団がお客様への正月4日の挨拶まわりの際に、着物でまわるという話を聞いたことがあります。私もさすがに目撃はしていないのですが、そのあでやかさ、というよりはその異常さはかなりのものだったようです。なにしろ、化粧をこてこてにした30過ぎの女性が数名、「振袖」姿で銀行や、証券会社の本店の入り口を闊歩するのですから。それは、すごい迫力です！

あるお客様の部長さんからお聞きしたのですが、「銀座のおねえさんよりすごかったぜ。なにしろ香水はぷんぷん、着物は値札つけて歩きたいくらい高そうで、場違いもいいところだよね」とのことでした。

金融機関のお客様は基本的に中年の「スケベオヤジ（ごめんなさい）」が多いので、この種のアタックはある意味効果的ではありますが、実際の仕事の話になると逆に障害になるケースもあります。だって振袖姿で商売の話はちょっと無理でしょう。

◇リーマンショック後のアマゾネス

当然、不況になればこういった「華」は次々にクビを切られると思いきや、なぜか彼女達は生き残ります。能力とは関係ないのです。リストラの方程式はここにも一つ存在します。「女性はクビになりにくい」——さすがに大きな不況ですので、これは100%は通用しませんでしたが、クビになる確率は明らかに男性のほうが高いのです。ある日本の企業の役員さんに聞いたのですが、日本の会社のリストラの場合、従業員の家族構成などを見て路頭に迷わない人を見つけ出したりするそうですが、外資の場合は違います。

これには実は、もう一つ裏の意味があります。リストラをするときに当然不服を申し立てて「闘争」になるケースもあるのですが、弁護士をたてたり、労働組合にかけこみ調停騒ぎになるのは、圧倒的に女性のケースが多いのです。女性の場合、後先を考えず感情的になる（ごめんなさい）傾向があるようで、それもあって女性のクビ切りは極力少なくして、事務職など被害の少ないところから、というのが、一般的な傾向ではあります。

加えて、かのアマゾネス軍団は会社の女性登用の「目玉商品」ですので、よほどのことがないとなかなか手がつかないようです。ただ、この前聞いた話では、裏でやんわりと退職勧奨にもっていくケースはあるようですが、男性のようにぞんざいに扱われることはないようです。

◇社長列伝　無能な社長ほど長続き

なぜか、外資系の社長は無能な人ほど長続きします。端的に言うと、有能で外国人の上司と激しくやりあってしまうような人は、会社では生きていけないという悲しい現実があるからです。社長、支社長といったところで、本社の人から見れば日本は「現地（ローカル）」で、どんなに優秀だとしても本社採用でない限り、日本人は現地人（ローカル）スタッフとしてしか扱われません。したがっていかに外国人上司に取り入るかが、大事な生き残り策となります。

そんなわけで、日本現地法人の社長、日本支社長は涙ぐましいばかりの努力をして外国人上司の気を引こうとします。まず、外国人の上司が日本に出張してくる際は、1週間ほど前から非常に不機嫌で神経質になり、あたかもビートルズが来日といわんばかりの綿密な出張スケジュールを組んで、そのシミュレーションをはじめます。普段ほとんど付き合いのない部下（社長がいないほうが仕事がはかどるので、普段はだれも社長をかまいません）に訪問するお客様のデータ、メモを作らせ自分が一緒についていった場合のアピールの仕方を学芸会に出る子供のように個室で練習します。

　そして当日、まずは成田にお出迎えです。特に用事もないので旅行代理店の旗持ちよろしく、成田で上司の到着を待ちます。到着後は、そのままハイヤーで都心へ、タクシーの中でいかに自分が最近働いているか、部下が言うこと聞かないか、を事前に上司にインプットします。

　到着後に昼飯を一緒に取った後、取引先へ。普段会ったこともないようなお客様にいかにもしょっちゅう来ているような演技をするさまには、とにかく頭が下がります。途中ハプニングがあって、上司を怒らせてしまったという場合は、さあ大変。部下に八つ当たりするわ、自分は落ち込むわ、で手に負えない状態になります。そして興奮状態のまま夜のお付き合いへ。

　現地法人の社長の臭いやり方に飽きがきた外国人の上司はたいてい「どこかで遊びたい」などと、勝手な話をします。するとすぐさま英語の通じるクラブや、外国人の集まる怪しげなバーをセットし、当然のことながら同行します。こんな珍道中が３日、４日も続いた後、外国人の上司は「ありがとう」とお世辞を言って帰ります。疲れ果てた社長は、どっとソファに座り込み「さあ、明日から休みだ！」と独り言をつぶやく。明日からは彼女と個人旅行です（当然会社には内緒ですが、実はバレてます）。

信じられないかもしれませんが、こんな人が多いのです。まず、外資系の金融機関が進出してきたころの日本の企業では転職は「悪」とされていました。そこで、大手企業から流れてきた人は二流の人材か、なにか「わけあり」の人ばかり。そうこうしているうちに外資系は時の流れで急成長し、日本での足場を固めていきますが、そんな中、特に取り柄のない彼らは、英語力と愛想のよさで何とか生き残りをはかります。

一方、激動するマーケットの中、多くの優秀な人材が会社の方針に失望して自分から会社を去ったり、体を壊してやめていきます。しかし、彼らは生き残ります。ほかに行くところがないからです。そして、「彼は長くいて会社のことをよく知っているし、ほかにろくな人がいないから」という、とんでもない理由で社長になります。だれもが、外資系の社長は優秀でバリバリ働いていると思いますが、このポストはとんでもないエアポケットなのです。特に大きな会社の場合ほど、そういったことになりやすいようです。

こんなおかしな構造を生み出したのは、ころころ変わる日本法人・支店の運営方針、人材確保の間違った方針（景気のいいときに無理やり人材を集め、景気が悪くなるとクビにする）ですが、もうだれもそれを非難することはありませんし、できません。「ああ……、こんな会社にだれがした」と、嘆いているのは私だけでしょうか？

不思議なことに、こういった社長達はなぜか人事部の女性とねんごろになるケースが多いようです。もちろん噂だけのものから、かなりのスキャンダルを巻き起こしたものまでさまざまですが、やはりこういう理由があるようです。

人事というのは当然「秘め事」ですし、情報を人事部と社長しか知らないというようなケースが多々あり、会社の組織が小さいころは密着度が高いということもあります。加えて人事への配属を希望して入ってくる女性はそれなりにやり手に見える人も多く、社長が思わず「ころり」とゆくケースが多いようです。おまけに相手が相手ですから、だれも非難できません。社長に言えば自分がやめざるをえないし、人事に言えば飛ばされるかもしれません。こういう「悪魔のエアポケット」が構造的にできやすいため、そこら中で「社長と人事の女」の噂が充満することになります。もちろんすべての外資系社長がではありませんが、その辺の事実関係は闇の中です。

もう一つ、社長は非常に「若作り」です。外資系の本社役員というのは交代の回転が早いので、場合によると40代前半のケースがざらにあります。当然社長が老け込んでいれば、「早く引退させろ」という話になります。人によっては働き盛りの40代後半で泣く泣く「引退」という形に追い込まれるケースも多いのです。いったん社長をやっていると、つぶしが利かないため、再就職の道はかなり難しく、涙ぐましい努力が行われます。服装は当然のことながら、白髪染め、メタボにならないようマラソンなどの運動を重ね、決して上司から「老けた」と言われないようにがんばり通すわけです。当然若い精気を吸い取りたいという欲望もこの動きに拍車をかけることになり、くだんのお色気ごとも起きやすいということになるわけです。

◇本当にいた!?　逆セクハラ女

よく映画などでは、女性が男性社員にセクハラをする話があります。やり手の女性管理職が若い男性社員をからめとる！　なんてやつです。現実にはなかなかお目にかかるものではありませんが、実はこんなことがありました。

ある男性社員が非常に困った顔をして私のところに相談に来ました。1年ほど前から雇っている女性に、まったくの濡れ衣で「訴える」と言われているらしいのです。彼は妻子もあり、どちらかというとその手のことには縁がなさそうな感じで、あくまでも濡れ衣で彼女とはそんな関係に一度として陥ったことはないと言っています。

実際に調査を始めると話はこうです。Hiroshi さんは、同じ部署の Kaori さんに誘われて飲みに行ったそうです。それまで、彼女に恋愛感情ではありませんが好感を持っていたので誘いにのったわけです。最初の飲み会は穏やかに終わったそうです。特に問題もなく、彼は彼女はなかなかいい娘だなと思ったそうです。ここが彼女のずるがしこい点ですが、十分信頼を得た2回目、彼女は大胆な行動に出ます。

2回目に飲みに行ったときは、かなり親しくなっていたこともあって彼女は最初からハイピッチ、二軒目に行くころには足元もおぼつかなかったようです。ただ、このときもHiroshiさんを色仕掛けで誘ってくるようなそぶりはありませんでした。酔ってしまった彼女を一人で帰すわけにもいかず、Hiroshiさんは彼女の住むマンションまで送って行ったのです。ここからが、いよいよサスペンスです。彼女はタクシーを降りたときにはかなり酔っていて、その姿からHiroshiさんも玄関口まで連れて行かざるをえない状況に追い込まれ、エレベーターで上の階へ。ベイエリアの高級マンションに一人で住む彼女(正直、会社の給料ではかなり苦しいような家賃の物件ですが)は、そのとき、玄関口で倒れこんでしまったようです。これを見かねてHiroshiさんは、玄関を開け、彼女を抱えながら玄関口へと自分から入って行きました。その姿はタクシーの運転手や近隣の住人に目撃されていたようです。彼女は言いました。

「あたし、とても気分が悪いんです。すみません、もう少しだけ助けてください」

「俺はもう帰るよ。独身女性の部屋に長居するわけにもいかないし」

「そんな冷たいこと言わないで。お願いです」

「でも……」

そこで彼女は何を思ったかしくしくと泣き出したそうです。怪しげな雰囲気の中、彼

は危険を感じて帰ろうとしましたが、その瞬間彼女は Hiroshi さんに抱きついて、

「おねがい。もう少しだけ」

同時に彼女はおもむろにパンタロンのジッパーをすっと自分から下げ、彼に抱きつくとやがて唇をあわせてきました。同時に彼女の手は彼の胸から腰を妖艶にまさぐりはじめました。

この瞬間に Hiroshi さんの頭の中はまっしろになって彼女にしがみついていたそうです。

（おいおい、上司にここまで言うか……）

二人はもつれあって愛撫をしていましたが、Hiroshi さんは最後に彼女のお口の中で果ててしまったようです。

自己嫌悪にさいなまれた後、Hiroshi さんは何事もなかったように彼女のマンションを後にしました。Hiroshi さんに最初からその気があったのか、それともその場の雰囲気に押されてしまったのかは、定かではありませんが、後に持ち上がる「大事件」にとって、そのことはたいした問題ではありませんでした。

一カ月平穏な日々が過ぎました。二人は何事もなかったかのように仕事をしてその後、飲みに行くこともありませんでした。

ある日 Hiroshi さんのところに弁護士と名乗る男から電話がかかってきました。

「Hiroshi さんあなたは、Kaori さんから訴えられています。強姦です」

「えっ。身に覚えはありませんが……」

「先月の15日に彼女のマンションへ行かれましたね」

「はい」

「その時は Kaori さんとお二人でしたか?」

「はい二人きりです」

「Kaori さんはその日に、部屋であなたから乱暴されたと言っています」

「とんでもない! そんなことはしていません」

「では、あなたは彼女に何をされましたか?」

「いや、その……、ちょっと二人でキスをして。あと……」

「交渉を持たれたんではないですか?」

「行為にはおよんでません！」

「でも、彼女は乱暴されたうえ、それが原因で体を傷つけられたといっております」

「うそです！」

「ここに彼女から預かった産婦人科の診断書があります。これによるとあなたは彼女の大事な部分に傷をつけたようですよ」

「と、とんでもない！」

　この瞬間、Hiroshi さんの頭の中に当時の風景が映り、「はめられた」という感覚がふつふつとわいてきました。でも、同じ職場でそんなことをしたら彼女だってここにいられなくなるのに……。

　Hiroshi さんは私に相談するとともに、知り合いの弁護士でこの種の事件に詳しい人に正直に状況を話しました。その弁護士の見解は、彼にとって不利な点が多すぎるということでした。

　まず、タクシーの運転手、住人は二人きりで Hiroshi さんが彼女を抱きかかえているところを見ています。そして決定的なのは、彼が彼女の部屋に入ってしまったことです。ここから先の証拠は何もありません。しかも彼女の部屋の中！　弁護士は悲しげに言いました。「争っても勝てないか、長引きますよ。残念ながら最良の方法は示談です」

彼女の要求は精神的、肉体的ショックを受けているので会社を退社せざるをえず、それに対する経済的損害と慰謝料を考慮して彼女の年収1年分の現金を支払え、ということです。彼は愕然としました。

でも、彼がもし裁判を始めたとすると、彼女との仲は公然のものとなり、彼自身も会社にいられなくなります。彼女が巧妙なところは、「それでも争ってやる」と逆上しないように、自分は会社から身を引くというHiroshiさんにとって受け入れやすい「罠」をさらに仕掛けたことです。Hiroshiさん側とすれば「金さえ払えばとりあえずもみ消せる」という完全な被害者感覚になってしまいます。

Hiroshiさんは泣く泣く大金を支払ってことは一件落着です。ところが、この話には後日談がありました。彼女はかつてNYで留学中に別の会社にいたことがあります。そのとき彼女を雇っていた人が私の友達でした。もちろん意図的ではありませんが、久し振りに会ったときに、実はこんな話があって、と切り出したとたん。

「え、もしかしてその女って、Kaoriって名前か?」

「そうだけど」

「彼女、NYにいたって言ってなかったか?」

「たしかに」

「マジかよ！　そりゃ、1回目じゃないぞ、2回目だ！」

「えっ！」

彼によると、彼女は4年ほど前、現地にいる日本人と同様のトラブルを起こしたようなのです。たぶんその際は本当に恋愛関係にあったのか、あるいはもうちょっとだったと思いますが、訴訟うんぬんの話になったとき、やはりエリートだったその相手はことの発覚を恐れて破格の補償金を支払って彼女の「口止め」に走ったそうです。その後その会社をやめて日本に帰った彼女は、その素晴らしい「ビジネスモデル」をひっさげてわが社に入ってきた訳です。

結局、彼女はほぼ要求の全額を勝ち取って会社を去って行きました。Hiroshiさんにとっては、とても高い授業料だったわけです。逆セクハラについてはなかなか表面化しません。

特に外資系は社会的制裁や非難を避けるために、基本的に女性社員に対してはおおらか、かつ「甘い」傾向があります。契約社員さんを除いて、女性幹部社員が本格的にリストラ対象に上る場合は、往々にして別の女性幹部社員のご不興を買ったケースが多いようです。いずれにせよ、気をつけないと、お互いにね。

◇MBA(M:まるで、B:馬鹿な、A:阿呆)

外資系で出世するために必須の資格といわれているのがこの「MBA」です。最近では書店にもこの言葉を呼び文句にした本が数多く並んでいます。ある意味では若いビジネスマンのあこがれにもなっています。もともとこのMBAというのはMaster of Business Administrationの略で日本語では経営学修士と訳され、海外の場合、大学卒業後1年くらい現場の経験を経て再度大学に戻りこの修士課程を修了して、再度就職するケースが多く見られます。金融関係のエリートのほとんどがこの資格をもっており、彼らにとっては「どこのＭＢＡ？」というほうがより重要になっています。実際に「あいつはどこどこだ」という場合、日本では出身大学のことをいうケースが多いですが、欧米の場合どこのＭＢＡかというケースが多いようです。特にありがたがられるのが、だれもがご存じのハーバード・ビジネス・スクール、プリンストン、ＭＩＴ（マサチューセッツ工科大学、金融工学分野で有名）、イエール、ウォートンなどです。こういうときに「ハワイ大学」「ＵＣＬＡ」とか言うとしらけムードがただよったりします。実際はかなり実力にばらつきがあり、日本の大卒と同様「看板はあてにならない」のが実情です。結果論として出世した人の統計をとるとハーバードが多かった、とかいうケースが多かったり、「同窓会」的な（日本でいうと慶應大学の有名な三田会人脈のような）つながりをビジネスに使ったりします。日本の銀行が官僚への対応のために、とりあえず東大卒業生を集めるようなものです。

日本人の場合、二つのケースがあります。企業派遣でＭＢＡを取得し、その後退社して外資系に転職するケース、もう一つは日本の企業を退職して自費でＭＢＡを取りに行ってその後外資系の企業に就職するケース。いずれにせよ、そういった日本人ＭＢＡが結構あふれているのが現状です。

彼らは、当然われわれより勉強しているし知識豊富のはず、しかも試験を受けて入っているので、優秀に違いない、と思ったら大間違い！　こんなからくりがあるのです。

まず、企業派遣のＭＢＡですが、難関を突破して入った人もいることはいますが、一方で、企業が寄付金を多く出している大学には「日本人枠」が存在するのです。なので、うまくもぐりこんで、なんとか授業についていければ「ピカピカのＭＢＡ」になれちゃうんです。まさか？　と思うかもしれませんが、そうらしいです。前述したような有名大学でもそうなのです。

一方自分で入った人たちはなかなか苦労人で、逆にそういうところに潜り込めるチャンスはなかなかありません。外国人向けの語学プログラムを持っているところは、その課程を修了した後有利な条件で入学できるため、語学学校付きの大学や田舎の大学出の人が多いそうです。

本人たちが実力を自覚していればいいのですが、こういう人達に限って「自分は一段上に位置している」と勘違いし、日本人同士での差別をする人もいます。中には日本の有名大学出身者を逆にいじめるような行為をする奴まであらわれる始末で、あきれる限りです。

彼らの特徴としては、まず英語は決してうまくはありません。文書が少しましかなぁというケースはあります。そして、とにかく外国人に対してなれなれしく取り繕うノウハウを持っています。恐ろしいことに、ビジネスでは外国人にぴったり張り付いて、日本人が何かそそうをしようものなら、外国人の先頭をきってその人を非難します。

お年を召した方にはこう言うとイメージしやすいと思いますが、占領軍についてきた日系二世の一部の方のようなものです。そんな人たちを我々は「ＭＢＡ（まるで・馬鹿な・阿呆）」と呼んでいます。

◇外国人だって負けちゃいない、まさに「ヘンな外国人」のオンパレード

外資系にいる外国人がみんな優秀だと思ったら大間違い、トンデモないやつが大勢い

るのです。彼らは「日本通」をカンバンに本国の人間に取り入って信じられないような甘い汁を吸っています。

Dave は日本の生活がとても長く、いくつかの外資系を渡り歩いています。この種の外国人の奥さんは典型的な「日本人の奥さん」です。もういい歳なのに相変わらず「長い髪の少女」を決め込んでいます。日本人の目から見ると円山応挙の幽霊か、顔がおかしくなる前のお岩さんって感じです（ブルブル……）。彼は、学生時代から日本にいて専門は「日本文化史」で、今外資系金融機関の事務担当責任者です。日本語はデーブ・スペクターさんよりちょっと下手で、なんともいえないナマリがあります。また、この種の人の典型ですが、しゃべれても「書けない」「読めない」なのです。当然『日本経済新聞』（ビジネスマンならみんな読んでいる、アレです）を読んだふりをしてますが、漢字をとばして読んでいるとのもっぱらの噂です。

彼は日本通かつ外国人が日本に来た場合に状況を「的確に把握して説明する」能力に長けているとの評判で採用されました。ただ、この能力でふらふらといろいろな部署を異動していましたので、「人に仕事を押しつける」能力は天下一品ですが、自分で処理

Daveは
日本の生活が
とても長いけど
彼が話す
日本語には
何とも言えない
なまりがあります
こんな彼が
率いる部下は
会社では
セクハラ
問題児
ヒステリー
スクラップ部隊と
呼ばれています
またクレーム!?
うぜーー!
担当したのは
ヒステリーと
セクハラなの?
部下の悪口を
言われると
うちの部下に
ケチをつけるで
ありますかっ!
ギブッ
彼はすごい迫力で
怒りだします

する能力はまったくありません。そのうえ、こういった人にありがちなように人を見る目がなく、彼の部下は会社では「スクラップ部隊」と呼ばれていました。セクハラ疑惑で部署を外された奴、ヒステリーがひどくて日本人はだれも相手にしないのに、英語だけはうまく外国人にやたら媚びる女性、そんな人の集団です。

彼は変に義侠心にあつく、部下の悪口を他人から言われると異常に怒りまくります。その迫力はかなりのものです。

普段は見事なくらい何もしません。後で聞いたのですが、彼は外国人にしては珍しく当局（金融庁等のお役所）対応ができるというふれこみだったようですが、日本人だってうまくできないお役所の相手が彼にできるはずはなく、当時の日本人の部下から聞いた話はあまりにも悲しいものでした。金融庁の検査があった際、話を知ったかぶりして聞いた後部下に丸投げして、部下が茫然としたとか、明日報告期限の資料作成をほったらかして休暇を取ってしまったとか、当時の部下の人は実にかわいそうです。

普段暇なうえ、偉いので彼には個室があります。そうなるとすることは一つ、ＰＣゲームです。それは、それはすごいことになっていたようです。彼の転職後、その会社の

ＩＴ担当者が教えてくれたのですが、ゲームのやりすぎでメモリーがいっぱいになり、最後はＰＣが壊れてしまったようです！　もう一つの悪い癖は「カラオケ好き」。これは下手を通り越して「騒音」の類に入ります。私も何度か「お伴」したのですが、笑いを通り越して「恐怖」でした。日本の歌謡曲、ポップスが好きなようですが、原曲がわからないくらいのはずし方です。

もう一人は米国人のJohn。犬みたいな名前ですが、えらくずるがしこい。顔は典型的なはげデブですが、これもとんでもないお調子者で、部下がおとなしいことをいいことに、メンバーすべてを入れ替えて完璧な「イエスマン」軍団を組成してしまいました。

何人か彼に追い出された人の話では、すべての話をまったく聞かず、毎日のように「君はここにいないほうがいい」という話をされたということです。日本人のイジメなんかかわいいものです。このおっさん、しょっちゅう飯倉近辺にある「アメリカンクラブ」に入り浸ってほかの不良外国人仲間と連絡を取りあっていたようで、遊びのほうでもかなりの「ワル」。はげデブでも日本人の女の子にモテるようでした。その秘訣はどうも「異様にやさしい」ところ。それだけ遊んでいても、なぜか不思議と奥さんにはバレていないようでした。

彼は顔とは違って非常に執念深く、自分のプランに反する計画をたてる日本人には陰に日向に妨害工作をします。かくいう私も被害にあったことがあります。後でわかったことなのですが、彼の「悪口」を世界中にバラまく才能は天下一品で、どうしてあれだけ、マメ男くんなのか？　というくらいいろいろな人にメールを出していたそうです。

この2人、緊急時にはまったくの役立たず、金融危機の最中は何も指示を出せず、当局との交渉もできず、ひたすらやっていたのは、Ｗｅｂページを見て面白そうな記事があると「URGENT（緊急事態）」と書いて、Ｗｅｂページのコピーを一所懸命社員全員に回覧していました。当然緊急時で大忙しの連中は「無視」です。回答をしていたのは暇な支社長と外国人のみ。そのうち「何の返事もないのはけしからん」とお怒りのメールが届いて、ほぼ全員「口があんぐり」状態でした。

本当に不思議ですが、優秀な人はとても少なく、大多数が浮草のように日本での生活をエンジョイし、法外な給与を得ています。こんな人達に六本木で会ってもナンパされないようにしてくださいね。後が怖いですよ。

◇入って成功する人、ダメになっていく人

外資系に入る人の人生模様はさまざまですが、素晴らしい成功をおさめた人、残念ながら業界から去ってゆく人、いろいろなタイプの人がいます。一つだけ言えることは、必ずしも能力のある人が成功を手に入れているわけではなく、そこには「運」や人との巡り合わせがあります。一言で言うと「決して実力主義だけではない」ということです。

ただ、成功の一つのキーはやはり「専門的な分野を持つこと」には変わりありません。合わせて、その分野で実際に一つでも二つでも実績を示しておくことも重要です。

また、これは意外と思われる方が多いと思いますが、「目立つようで目立たないようにする」というのも大事な要素です。たとえば野球の監督は成績が悪いと簡単にクビを

切られますが、コーチは監督が代わっても生き残るケースがあります。営業の仕事にしても、成果を積み上げて高いポストにのし上っていくケースのほかに、「生涯一営業」として生きていくような生き方も意外においしいケースがあります。さまざまな人生が交錯しており、「だれが正解、だれが間違い」というのは、実はないんです。

もう一つ、日本の会社以上に人とのつながり、コミュニケーションが大事になってきます。これは成功の秘訣というよりも「泳いでいく」ための重要な要素です。個性派が集まっている集団ですので、この人的なつながりが時には大きな助けになります。

◇お財布の中身は火の車？ 60過ぎてみないとわからない

仲間が外資系に転職するとうらやましがって、年俸の話をする人たちがいますが、実際はそれほど「実入り」がいい訳ではありません。実際の水準や税金、ストックオプションの怪についてはすでに一部お話ししましたが、実際の生涯給与ということについてお話しさせていただきます。

図表５　日系企業と外資系企業のモデル年収比較（額面給与額）

	年齢（歳）								（単位：万円）
	22	27	32	37	42	47	52	57	62
日系企業（金融）	350	500	900	1,000	1,200	1,500	1,500	1,000	700
外資系企業（金融）地味系	500	700	800	1,000	1,500	1,800	1,200	800	0
外資系企業（金融）派手系	500	800	1,200	2,500	4,000	5,000	0	0	0

年収額はあくまでも一部勤務者からの好意でヒアリングしたものをもとに作成しており、現実の年収実態と異なるケースがありますのでご了承ください（年収額はポスト、会社によって当然のことながら異なります）。

図表６　日系企業と外資系企業のモデル年収比較（累積年収額）

	年齢（歳）								（単位：万円）
	22	27	32	37	42	47	52	57	62
日系企業（金融）	350	2,475	5,975	10,725	16,225	22,975	30,475	36,725	40,975
外資系企業（金融）地味系	500	3,500	7,250	11,750	18,000	26,250	33,750	38,750	38,750
外資系企業（金融）派手系	500	3,750	8,750	18,000	34,250	56,750	56,750	56,750	56,750

年収額は47歳までは、毎年段階的に増加するという前提で５年間の平均値に５を乗じて計算しています。外資系のケースで、地味系は57歳で退職。派手系は47歳で退職し、その後職につかないという前提で、累積生涯給与を計算しています。

※図表5、6はあくまでも仮定に基づく計算です。事実とは異なります。

一般的な日本の金融機関の給料は非金融系の給料よりも高いといわれており、それはたぶん事実だと思います。私のまわりの人たちも実際の細かい金額になるとはっきりは言いませんが、部長、役員クラスになると証券会社、銀行、保険会社ともかなりよいお給料です。そして、その上をいくのが外資系というのが世間の認識なのです。

通常の外資系の固定給部分が日本の金融機関のボーナス込給与とほぼ同程度だといわれています。これに上乗せされるボーナスが外資系の「おいしいところ」なわけです。場合によっては固定給と同じくらい支給されることもありますが、一方で本当に「ゼロ」ってこともあります。

でも、外資系のみなさんは60を過ぎてから怖い現実に直面します。そう、「年金」です。日本の企業年金制度は終身雇用を前提に設計されているので、勤続25年を過ぎると急に率がよくなります、というより退職直前にならないと年金の意味をなさない設計になっています。なので、たとえ会社に15年以上勤めても途中で辞めるとこの部分は雀の涙にしかなりません。

言い方を変えると、外資系の給料は「将来の年金含み」で支給されている訳です。この金額のイメージをはっきりさせるために実際の数字（ちょっと乱暴ですが）を仮においてお話をさせてもらいます。なぜ、外資系社員が「アリとキリギリス」の「キリギリス」なのかという部分です。さあ、お立会い！

まず、国内金融機関に勤めるエリート社員の一郎さん。この方のピーク年収が仮に1500万円だったとします（なかなかですねぇ～）。一方外資系に転職したJiroさん、基本給が1300万円で、ボーナスが今年は700万円（いいなぁー）でありますが、一方で金融機関を辞めたときの企業年金がパーになりました（彼は、退職時にそれまでの掛け金、利益金を現金で返されてしまったのです）。

話を簡単にするために二人とも国の年金、企業年金を65歳からもらえると仮定します。

その際の年金の差額は下記のようになります。

まず、一郎さんですが、すべて年金額がもらえるとすると、年間ベースで、国の年金が220万円（あくまでも仮定です！）。企業年金が250万円（これもあくまでも仮定です！）。

合計で年間470万円の年金収入があるわけです（いろいろな筋の知り合いに聞いたのですが、金額は大体こんなもんだと思います。でも、面白いことに酒の席でこういった話をすると元管理職の人達は必ず、そんなにもらえない、とか、あてにならないって否定するんです。畜生！）。

一方のJiroさん、高級外車は買っちゃうわ、別荘は買っちゃうわで結構散財してます。65歳以降の損得勘定はいかに？　ご愁傷様、彼がもらえる年金は国の年金部分のみです！

ということは、220万円前後なんです。あらら……なんと悲しい結果でしょう。でも、待ってください。彼も馬鹿ではないので貯金をしています。いったいどのくらい貯金があれば、一郎さんと同じくらいリッチな老後を送れるんでしょうか？　これは簡単に計算できます。つまり一郎さんも、Jiroさんも75歳まで生きたとすれば、250万円×10年分の預金が必要です。10年間だけで見れば、Jiroさんが一郎さんより2500万円多く預金していれば同じです。でも、これが20年ってことになると、なんと！　5000万円の預金が必要です。高齢化社会で85歳は現実的な数字ですから、笑いごとではありません。

それに加えて、Jiroさんに悲劇が訪れます。

まず、外資系の「あがり」の年齢は結構早いんです。50歳がメドだと思っておいてください。それを過ぎると転職するか、極端に給料が安くなります。したがって50歳までに貯金をしておかないとヤバイということです。でも、Jiroさんは結構散財してますので、このへんが心配で、心配で、仕方ないわけです。

Jiroさんがある程度キャリアを積んでから外資系に転職したという前提での計算ですので、年金部分がかなり不利にはなっています。30代の転職であればこの部分はもうちょっとましになります。ただ、ただですよ！　30代での転職は外資系での丁稚奉公から始めますので、給与もそれほどなく、もしレベルが低いと判断された場合、さらなる悲劇も出てくるわけです。

キリギリスは冬になって初めて自分の失敗に気づいてアリさんに助けてもらえますが、Jiroさんはそうはいきません。さあ、あなたはどちらの人生がいいですか？

◇夜昼なんてありません！　時給になおしたら日系のほうがお得？

「外資系の人はいったい何時まで働いているの？」こんな素朴な疑問を持つ人は多いと思います。答えは「夜中までです、が人により違います」です。

まず、遅くなる理由が二つあります。一つは人数の少なさ。それぞれの給与が高いのは人数の少ない分あらゆる仕事をカバーする必要があるからです。管理職になっても担当者の仕事をこなすケースはしょっちゅうですので、ほとんどの外資系管理職のみなさんはPCや、いろいろな実務にやたら詳しいです。40過ぎたらワープロは部下が、なんてことはありえませんし、パワーポイント（プレゼンテーション用ソフト）での資料もほとんどの人が自分で作ります。

もう一つの理由は、海外との連絡のため時間が不規則だということです。たとえばロンドン、欧州と話をしたければ夕方16時前後からでないと先方は起きてくれません。先方の時間に合わせて話をしたければ、いきおい20時、21時になります。アメリカの場合はもっと悲劇です。ニューヨークだって21時以降でないと、話ができません。逆に翌朝早く連絡を取りあうケースもあります。そんな場合は朝6時出社なんてこともあります。さらに、これが西海岸になると一番ゆっくり話せるのは真夜中か、日本の朝方になってしまい、いきおい非常に不規則になります。

トラブルのケース、全体会議などは必ず本社中心の時間帯ですので、これに出席する人は夜中勤務が当たり前になります。当然時間外労働が極めて多くなり、また、担当者の仕事も行ったりするため、さらに拍車がかかるわけです。

結果として「時給になおすと、日本の会社より低い」なんて笑えない話が出ます。かつて日系の企業にいたときのモーレツ支店長、支社長は接待の後にみんなを待たせておいて会議をやらかす、なんてことがありましたが、そんなことが日常茶飯事になる仕組みなんです。土日出勤も例外なくあります。

かつての外資系（駐在員事務所ばかりでノルマもない、本当にのんきな時代です）は、9時〜17時で高給取りなんていわれてきましたが、こと金融に関してはそんな様子はほぼなくなりました。そんな状況が訪れたときは、逆に事務所を閉められて全員解雇なんて目にあうリスクもあるわけです。

一方、日本の会社の人たちもよく働きます。本当に夜中まで。ただ、ある程度の年齢を過ぎてくると現場から離れていくため、その傾向が薄れるようです。本当の働き盛りの労働密度は外資も日系も変わりませんが、それが長く続くかどうか、が大きな違いでしょう。

ときどき街で携帯端末を神経質そうにいじくりまわしている人を見かけますが、たぶん9割方外資系の人です。先ほどの第二の理由（海外との連絡）で、会社外で連絡を取りたければそんなものを使わざるを得ないわけです。この機械は最初の1カ月は自慢げにおもちゃのようにいじくりまわしますが、それ以降は最悪です。「何で返事がない」というときの言い訳がないわけです。夜中に平気で「今電話してこい」なんてメールを送ってくるんですから。

第5章　さすらいのハローワーク

外資系だろうがなんだろうが、失職後は同じ、いやなものです。決して「悠々自適」ではありません。でも、食うに困らないということと元外資系ということで、嫉妬の目で見られます。おまけに日本の社会インフラのひどさが身にしみます。

◇雇用保険の矛盾、高額所得者はかけ損？

「失業してもしばらく失業保険で食っていけるさ！」。みなさん、こんなことを考えていませんか？　そこそこの給料を会社からもらっている人であれば、大間違いです。失業保険は決して中堅以上の所得を得ているサラリーマンのものではないのです。

最初の手続きが始まり、まず、その金額の少なさと掛け金の差に愕然とするでしょう。「これは詐欺じゃないか？」。みなさんの給与明細に記載された「雇用保険」の項目を見てください。結構な金額が天引きされていますね。この金額を見ると「万が一失業しても、この掛け金に見合うような所得補償があるに違いない」と思うのが当然です。しかし、現実はとんでもありません。

昨今の失業者の増加で雇用保険のプールも少なくなり、支給金額はどんどん減少していきます。ほとんどの方が失業後最低でも10カ月くらいは、自身の給与の70%くらいは失業保険としてもらえる、と思っているでしょうし、そう説明を受けているはずです。ところがこの支払額の上限は極めて低いのです。

年金だって掛け金分くらいはちゃんと返ってくるのに、何十年もこつこつ支払ってきた失業保険だもの！　大丈夫だよね……？

ところが！　失業保険の仕組みはまさに「なんちゃって」まるだしなんです。まず、失業保険は「掛け捨て保険」でかつ「補償金額が極めて少ない」率の悪い保険です。普通のサラリーマンでは絶対もとがとれないんです。ところが、サラリーマンと名のつく人たちは制度として半強制的にこの「雇用保険料等」を給料から天引きされてしまいます。

基本手当日額の上限は45歳から59歳の例で日額7685円ですので、単純月次（30日）になおすと23万5500円となります。これは年収換算だと約280万円です。「なんだ、バカ野郎」と思うのが当然です。お役所に聞いてみると「この制度はそもそも、

図表7　雇用保険で受給できる1日あたりの金額

年齢	賃金日額の上限額（基本手当日額の上限額）
30歳未満	12,580円（6,290円）
30歳以上45歳未満	13,980円（6,990円）
45歳以上60歳未満	15,370円（7,685円）
60歳以上65歳未満	14,890円（6,700円）

（平成21年8月1日現在）

失業状態において生活状況に多大な影響をおよぼすような人達の保護のためにある制度ですので、高額所得者の方の事情などは配慮していません」とのことです。つまりもともと掛け捨てどころか「寄付金」なんです。これに加えて、この失業保険を受け取るためには近所のハローワークに出かけ、さまざまな「儀式」に参加しなければならないのです。

◇さすらいのハローワーク

さて、雇用保険を受け取るためには、さまざまな儀式が必要だと申し上げましたが、まずクビになった会社から受け取った書類を持って、近所のハローワークに行かなくてはいけません。たいてい小学校とか、区役所の出張所の近所にひっそりとたたずんでいますが、そばまで来るとその雰囲気で

雇用保険を受け取るためハローワークへ
ギョッ
六本木健さーん
いきなりフルネームで呼ばれる
ご存じかどうかわかりませんがあなたのような御年収ですと実際の所得の7割をカバーするということは制度上無理なんですよ
対応はにこやかで隙を見せない
上限は～円ですのでご了承ください
わかりました
他に返事のしようがないだろ
この対応は私にとっては慇懃無礼にしかうつりませんでした

「あっ、ここだ」とすぐわかります。まず、人が徘徊して混んでいるのと、自転車が多い。入口近辺で煙草をもくもくと吸っている人がたむろしている中をかきわけ、かきわけ受付に向かいます。

びっくりしたのは、背広を着ている人が誰一人いないんです。びっくりするくらいにラフな格好の人が多いんです。しかも！　人種のるつぼです。私の前の人はアフリカ系の人でした。

まず、受付を通り過ぎると手続きの窓口に書類を提出するように言われます。書類を提出してから最低30分は待たされます。イライラしながら順番を待っていると「いったいあのカウンターで俺は何を言われるんだろう？　いつになったら呼ばれるんだろう？」といったことが頭の上をぐるぐるまわります。となりに座った工員風のおじさんは、何か楽しそうに、というよりニヤニヤしながらあたりを見回しています。こんなとき面白いのは自分と同じ境遇ではないか、と思われるサラリーマンふうの人の様子をおっかけて、あらぬ想像をめぐらせたりすることです。「あの人は、いつやられたのかな？　ここに来るのは初めてかな？」「えらく沈んだ顔をしているけど大丈夫かな？」

そうこうしているうちに、まるで病院の受付のように軽やかな声で名前を呼ばれました。こういうときはフルネームなので、一瞬ぎょっとして「誰か知っている人に見られたら格好悪いな」なんて考えます。おずおずしながら受付で応対を受けます。名前や、状況などを確認されますが、決して無礼ではないのがまた「クソ」と思います。たぶんいろいろ複雑な環境で、血を見たことがあるんでしょうね。実に「隙をみせない」対応をにこやかに繰り返していきます。とはいえ、その対応は私にとっては「慇懃《いんぎん》無礼」にしかうつりませんでした。

最後に「ご存じかどうか、わかりませんが、あなたのような御年収ですと実際の所得の7割をカバーするということは制度上無理なんですよ。上限は○○○円ですので、ご了承ください」と言われ、「わかりました（ほかに返事のしようがないので）」と返事をして、次は説明会です。

満員でムンムンとした別室で待っていると、突然おばちゃんが出てきておもむろに失業手当の手続き、主旨などについて話をします。その様子は、まるで浅草か新宿の演芸場で客にうける、うけないは考えず淡々と自分の芸をこなす、老齢の芸人さんのようでした。たぶん、冗談も毎回必ず使っている「ネタ」なのでしょう。観客にうけようが、うけまいがおかまいっこなしです。

特に強調されたのは、「ヤミバイトは絶対バレる（見つけてみせる）のでやるな」ということと「決められた日に〝出頭〟（本当にそんな感じです）しないと、金がもらえないぞ」ということです。このほか面白いのは、「月に2回は求職活動をしたという記録を記載して必ず提出しろ」というのです。実際こんな状況ですので、ヘッド・ハンターからの連絡はなく、お手上げという時期もあります。そんなときはどうすればいいのでしょう？

そんなときは、パソコンを使って求人票の検索をするのです！　まるで、高校生のバイト探しじゃないか！　とぶつぶつ言いながらもやってみることにしました。

まず、困ったのは「大行列」です。ＰＣは相当台数ハローワークに設置されているのですが、これにどうみてもＰＣに似つかわしくない人たちが大挙してやってきて、慣れぬ手つきでＰＣ操作をしているのです。私は早々に退散しましたが、これを一日中やっている人もいるそうです。

◇国民年金は、なんて高いんだ！

失業した後にもう一つ苦しいのが年金の支払いです。これまでは「高いな」と思いつつ年金は企業年金の形で、給料からの天引きだったため、あまり意識していなかったはずです。このわずかな「失業給付金」中から年金の「取り立て」があるんです。通常の方ですと、お一人様1万4660円（平成21年度）、夫婦でなんと3万円近い負担を月々強いられるわけです。失業者としてはたまりません。これを免除するという「ありがたい」制度もあるということで、喜び勇んで手続きをしたのですが、免除を受けると年金額が減少してしまうということだったので、結局は払ったほうがよいということなのかと感じました。このへんは詐欺を通り越して矛盾さえ感じられます。こんな制度では国民年金の不払いなんて決してなくなりません。しかも送られてくる紙は本当にわかりにくく「納付書」という紙を大きな束で送ってきますが、解読するのに一時間もかかってしまいます。いったいこの国の制度はどうなっているのでしょうか？　同じように

「ねんきん定期便」とかいろいろ書類が届きますが、すべて難解そのもの、われわれのようにある程度法律文書を理解していてもよくわかりません。これでは、いったいいくらもらえるのか、何がどうなっているのか、あきれるばかりです。

思い余って社会保険事務所（現　年金事務所）に行くと、対応はとても丁寧でした。高飛車な人が出てくるのかと思っていたらとても丁寧な対応でびっくりです。ただ、事務所は汚く書類の山、どう見てもかなり忙しそうな中、疲れた顔をした人たちが必死に笑顔を作って対応している姿には頭が下がります。「官」といっても現場とキャリアはえらく差があるようです。

◇税務署怖い！　地方税の取り立ての過酷さ

昨年までは給料天引きで地方税を払っていた人が、今年無職になると税務署から恐ろしい「取り立て」があります。これを知らない人が意外と多いのですが、地方税は昨年の年収をベースに計算されますので、その金額に見合う予定納税をしなくてはいけませ

退職した私に届いた地方税
ぶしっ
地方税
○万円
なんじゃこりゃー
こんな金手元にねぇよ
バン
バン
私のお金が税金になって飛んで行くー
でも、ここで払っておかないと
利息が恐ろしく高いんです

す。
ん。その金額が無給になった人にとっては半端ではありません！　まさに青天の霹靂《へきれき》で
　突然郵便物にまじって届いた恐怖のお手紙。「税金払わなくっちゃいけないんだ」と
封を開けてびっくり！「なんじゃこりゃあ！」です。ウン百万円の請求書はまさに、
驚天動地（びっくりしたなあ、という意味です）。こんな金、今手元にねえよ（泣）。失
業中に使うと思って残しておいた貯金があっという間にふっ飛んで、北風が心を舞いま
す。思わず都はるみさんの歌を口ずさんでしまいそうです。
　払える人はまだいいですが、ひどいと税金を滞納せざるをえません。税務署の利息は
びっくりするほど高いんです（もちろん利息制限法内ですが、遅延利息というやつで、
とても高いです。ご注意を！）。私の知り合いでこの状況下で財政危機に陥って実家か
ら借金をしたため、失業が親戚中にバレて、奥様のお父様からえらく冷たくされた人が
います。ありがちなことですが、外資系のエリートで羽振りがいいとはいえ、やはり家
族から見ると不安定な商売をやっているように見えるのでしょう。奥様よりも奥様のご
実家が厳しいケースを多く聞きます。これが原因で三行半なんて悲劇もいくつか見てお

ります。

◇家を追い出された！

持ち家の場合は問題ないのですが、私の元部下の Chie さんのケースです。Chie さんは、会社の家賃補助制度を利用して賃貸のマンションに住んでいました。外資系の家賃補助制度はいわゆる「借り上げ社宅」のケースが多く、従業員の住宅を社宅のように会社で借り上げて、給料をその分少なくするという「間接天引き」になっています。これですと、たとえば本人の年収が800万円の場合、年間家賃の会社への支払いが200万円だとすると、会社は彼女の給与を家賃を差し引いた600万円として計算します。そうすると彼女の所得税は安くなって節税になるわけです。

でも彼女が失業をしたとたん事情は変わってきます。派遣の人が社宅を追い出されるのと同じように家主から追い出される、というケースが出てくるのです。家を借りている契約当事者は会社ですので、当然離職した場合に契約者の変更（会社から本人へ契約

私の元部下Chie さんは
家賃補助制度を利用して、賃貸マンションに住んでいましたが
会社をクビになったとたん、不動産屋がゴネ出しました。
ちょっと
あんた失業したんだって？
会社から、私個人に契約者を変更してください
バ☆チッ
失業者には家は貸せませんので早く、出て行ってください！
こっちも、いろいろゴネたんですけど結局あきらめて実家に帰りましたよー
なんだか理不尽だねぇ

者を変える）の必要があるのですが、離職後に無職であることが不動産屋にバレてしまっている以上、不動産屋がゴネるケースが多いのです。要は「失業者に家は貸せねぇ」というわけです。いろいろ屁理屈をつけては契約を解除しようとしてくるので、彼女はとうとうあきらめて実家に帰ってしまいました。こんな理不尽も起こっているのです。まるで派遣村物語です。

◇「パパどうしたの？」

外資系の場合は、エリート商売だけに結構見栄っぱりも多くて、お子様がいい学校に行っているケースが多いようです。某有名私立小学校なんてところで、まさか親の職業欄に「無職」なんて書けませんよね。こんなときに悲劇が起こります。お父さんが毎日会社に行かなくては、子供がいぶかしがるんです。したがって毎朝「ニセ出勤」をせざるをえませんし、子供は午後になると家に帰ってきてしまうので、夜までどこかに出かけなくてはいけません。失業そのものが昔ほど悲劇的なものではなく、家族の理解を得たとはいえ、今だに小学校、中学校の多感な年頃の子供のお父さんはプライドを崩すことができないでいるようです。

そんなときどうするか？　テレビドラマですと、公園で日がな1日ベンチに座り、昼は菓子パンを食べて夜になるのを待つというのが相場ですが、現在はネットカフェを利用したり映画館で時間をつぶすというケースも多いようです。会社によっては、後でお話しする就職支援会社（アウトプレースメント・カンパニー）に席を作ってくれるケースもありますが、昨今の離職者大量発生の状態から、そういうところもなかなか使いづらいようです。

そんなときに役立つのが、国会図書館です。みなさん国会図書館って行かれたことはありますか？　昔の同僚の Takashi さんが教えてくれました。

実は私は、今その国会図書館でこの原稿を書いています。この図書館は国会議事堂の真横にあり、国立ですので18歳以上であれば、誰もが利用できます。他の図書館と違って子供がたむろしていることはありません。そんな学術的な恐れ多い場所に行ってもねえ、と思うかもしれませんが、これが意外とオープンで親切です。本を閲覧するのは結

ついに
失業
してしまった
だけど、家にいると
子供がいぶかしがる
から、いつも通りに
出勤
火・金
ゴミ
ゴミ
おはよう
ございます
パパ、
エリート
なんだって
うん！
外資系なの！
ゴメンよ……
外資系どころか
無職なんだよ～
うっ……
パパっ
どうしたの？

構めんどうくさいですが、自習室のように書きものをしたり本を読む設備は非常に充実しており、私も大変気に入っています。

おまけに、新聞のバックナンバーや、過去の映画などメディアの資料も大変多く、不謹慎な言い方ですが、日がな1日映画を見ていてもいいわけです。

ここにはいろいろな人が来ています。論文を書く学生さん、メディアや、著述業で調べものをする人たち、もう定年を迎えたと思われる勉強熱心なおじいちゃんたち、中には居眠りしている人もいますが……ぜひ一度足を運んでみてください。いいところです。

お子さんの話にともなって奥さんの悲劇をいくつか、ご紹介します。

外資系のサラリーマンを旦那さんに持つと、ぜいたくな暮らしが「一時的に」できることは前にお話ししたと思います。それは表面上の年収が上昇するからです。しかし、同時にこの年収には将来の年金なども含まれているので、キャッシュフローの計算を誤る、つまり「使い込みすぎる」とキリギリスちゃんになってしまうと申し上げました。

この傾向は旦那さんよりも奥様に多くみられる傾向で、これが原因で悲劇を呼ぶケースはいくつもあります。典型的なパターンをご紹介します。Takuyaさんは日本の一流政府系銀行を出て、10年前に外資系に転職、順調にキャリアを積んできました。奥様は有名女子短大を出たキャピキャピの美人ギャルで、今や二人の子供の母親です。Takuyaさんは都会の高層マンションに住み、二人のお子様は三田のあたりの有名私立学校に通う、まるで絵に描いたようなお金持ち家族です。最近、Takuyaさんは景気のよさから軽井沢に別荘を買い、車もＢＭＷのオープンカーにしてまさに「ぶいぶい」状態でした。そのとき、悲劇は起こりました。業況悪化のおり、彼は会社から依願退職を求められ失業状態に陥ったのです。彼が正直に話をしたところ、奥様は半狂乱。

実は奥様は結構浪費癖があったのです。「あたしたちの生活は確保してくれるのよね？」この詰問に彼は「うん」と言わざるをえませんでした。昔の失業なら、妻が「私がなんとかします」と言って内職を始め、子供は私立から公立に学校を変わるというのが、「シナリオ」でしたが、今は違います。そうこうするうちにTakuyaさんの貯金は1年もすると使い果たされました。だって、奥様は1カ月に１００万円も使っちゃうんですもの！

彼は、まず「家族会議」という名のもとに奥様のご両親と奥様から厳しく非難を受けることとなりました。奥様のお父様は某有名企業の重役一歩手前までいかれた方（こういう手合いのたちが一番悪いんです。実力もないのに学歴だけで上までいった「エセエリート」が多いんです。こういう人は世の中の厳しさをまったく理解していません）。彼はこの非難に耐え切れず、別荘を二束三文で売って車も国産の中古車に買い替え、国内系の証券会社に再就職しました。しかし、お子さんは依然として三田通いです。彼はその後いくつかの証券会社を転々として、奥さんとも離婚し現在は行方知れずとなっているようです。

◇アウトプレースメント・カンパニーという会社

みなさん、「就職支援会社」という名前をご存じでしょうか？　かつて日本のバブルが崩壊し、さまざまな会社が希望退職者を募った際に市民権を得た会社です。外資系ではアウトプレースメント・カンパニー（“outplacement company”）人材の「はめ込み」

をする会社です）。会社が行うのは、就職斡旋ではなく、再就職を支援するあらゆるサービスです。

具体的には、履歴書の書き方から面接の受け方、適性判断等の「コンサルティング」のような業務、ヘッド・ハンターの採用情報を個人につなぐ情報提供をしています。そして再就職希望者のためのさまざまなインフラの提供（電話、会議室、個人ブース等）が主な業務です。会社が大量解雇を計画する際、この種の会社と契約し契約金を払います。ある意味、この種の会社は再就職そのものには大して役にたたないので、口の悪い人事担当者の中にはこの種の会社に対する支払費用は「金をどぶにすてるようなもの」という人もいます。

ここ最近、こういった会社が急に業績を上げだしました。昨今の金融不安で、大量解雇が続いて対象者が急速に増加したためです。しかし、実際どうなっているのかというと、「貸事務所化、巨大な無料のネットカフェ化」してしまったようです。私がお邪魔した会社も他社の例にもれず、同じような状況でした。退職した翌週に電話がかかってきて「一度おいでください」と言われ、くどくどとサービスについての説明をされました。就職支援のためのさまざまなサービスについて説明を受けたのですが、どれもこれも何の役にもたちません。コピー代、電話代が無料であることと、ブース、会議室だけは正直助かるかなと思いました。実際、海外との連絡等自宅からではかなり費用のかさむ部分も助かりましたし、郵便物の受け渡し場所としても有効ではあります。が、これがアダになって「満員御礼のネットカフェ」状態と化してしまっているのです。

この種の会社では、ある大手の証券会社が、大規模の人員を削減したため、第二のオフィスと化してしまい、この証券会社の社員がほとんどのブースを朝から晩まで占拠し、ブースを私物化されてしまったそうです。中には、もうこのオフィスを自分の個人事務所のように登録して利用している人もあらわれるという始末です。また、このオフィスはやはり「クビになった人」だけが集まりますので、いくら明るくしてもマイナスのオーラに満ち満ちた状況になってしまいます。親切でおいている雑誌コーナーや、新聞コーナーは、ほとんど浮浪者が集う区の図書館と同じ状態となって、非常に利用しづらい雰囲気になっているようです。

この商売は実はなかなか「ぼろい」商売で、ヘッド・ハンターのように紹介実績で費用をもらうわけでもないので、単に場所とコンサルタントをおいて適当にセミナーをやっておけば、お金が稼げるわけです。最大の敵は「好況」という、まるで死神のような商売ですが、現在、日の出の勢いなのは確かです。

◇根拠なき「自信」50過ぎれば、みんな一緒？

外資系に勤務してある程度の年数を「生き残ってきた」人達は、ある意味変な自信に満ち溢れています。「生き馬の目を抜くような外資系で、今まで勝ち組だった俺はどんな状況だって職にあぶれることはないさ」「必ず誰かがひろってくれるさ」。実際、やめましたというメールを出すとご丁寧に、「実力のある○○さんのことですから、必ずよいポストがみつかりますよ」こんな返事を多数いただきます。でも、現実を冷静に考えてみてください。実績は過去のものです。「国会議員、落選したらただの人」なんて言われたりしますが、悲しいかな、やはり人格、能力ともポストによる部分は大きいのです。実際、どんなに履歴書が輝かしく飾られたとしてもそういったポストがどんどん減っている中では、ほかのだれかがクビになってくれなくては、自分のポストはないわけです。

こうお話しするとわかりやすいと思います。ある業界の売上が今までの半分になってしまったら生き残る会社は半分です。サバイバルゲームが繰り広げられる中、強い会社が合併してシェアを伸ばしたりもしますので、管理職ポストはどんどん減っていきます。同時に、生き残った人々は必死にポストにしがみつきますので、会社としては対従業員に対する力関係は極めて強くなります。

クビを切られた管理職は、「俺だったらこれだけ売上を伸ばせる」など相当のはったりをかまして、リスクをとりながら再就職を目指すか、あるいは「負け組」の一発逆転ポスト（失敗すれば後がない、とでもいいますか……）を狙って必死の就職活動を続けるか、「もう管理職でなくて結構です」と言ってヒラのポストを探すしかない訳です。

もちろん、1年か2年「休暇」を決め込んで嵐が去るのを待つという方法もありますが、これは相当余裕のある人でないと無理でしょう。つまり、「プライド」と「過去の実績」をかなぐり捨てて必死に就職活動をしなければならないという過酷な状況に陥ります。かつての部下が上司なんてこともあります。これに耐えるのは、なかなか大変です。私も「そんなの平気だ」とは思っていたのですが、「あの業界有名人の○○さんが、あそこまで落としてポストを探すとは」と言われると、何か悲しいものがあります。そんなときは開き直って「50過ぎたらみんなただの人だもんね」って言うしかありません。こんなとき、ふと「日本の会社にいたらもっと大事にしてもらえたのに……」と思うことがありますが、日本の会社だって役員になりそこなった人たちはみんな過酷な第二の人生を送っているんですよね。

◇面接も大変だ、倍率急増！

まったく干上がった状況下でも少しは面接の話が流れてきます。一生懸命履歴書を送って面接を受けに行くと、どうも以前と違った状況に愕然とします。ある半政府系の機関の大量採用の場合「年齢制限60歳」としたため、世にあぶれた管理職が殺到して、ものすごい倍率になったそうです。面接会場に行った人の話では、さまざまな人が応募してきていたようです。その場にはまるで似つかわしくないような、仕立てのよい背広にピンクや黄色の派手なネクタイをして一見して外資に勤務していたなとわかる人もよく見かけたとのこと。状況は本当に厳しいわけです。

別の人に聞いたところ(その人は事情があってとにかく就職を急ぐとのことでした)、1カ月で応募書類を50件書いて、返事が来たのがたった5件、そのうち面接にたどりついたのは、たった2件だったそうです。本当に現実は厳しくなっています。

私もこの影響を受けました。ある会社の幹部候補採用に応募し面接を受けました。通常幹部候補用の面接ですと社長や地区責任者の面接が終われば後は合否待ちというケースが多いのですが、応募者が殺到しているため、面接は2次、3次と繰り返されて最終段階でさらに絞るという、採用側としてはうれしい悲鳴に陥っています。この話自体も日本法人の立て直しや更なるリストラの推進が条件の非常に難しい仕事ですが、以前と違うのはリスクを感じてもだれもが躊躇せず、「とにかく就職したい」ということで応募してくることです。

したがって実は採用する側からすると、別の意味で「玉石混交状態」が訪れるので

事情があって
とにかく、就職を
急いでいたので
応募書類↓
1カ月で
応募書類を
50件書きました
しかし、
返事が来たのが、
たったの5件
50件も出したのに
さらに
面接にたどりつけた
のは、たったの2件
だけ……
は…
脱力…
本当に現実は
やってられっかーっ
厳しく
なっています

す。過去の実績よりも声の大きい人を思わず採用してしまうケースも増えています。こんなときに強いのは「Big Mouth（大口たたき、ほら吹きの意味で使います）」の人です。面接の段階で実績をはかれるケースは稀で、ほとんどが口頭試問の結果にたよらざるをえません。そうなると、すべての結果が面接をした上級管理職の印象にのみたよった結果となります。外資系の場合、上層部が日本のビジネス経験が少ないため、とんでもない人を選ぶケースも多くなります。実際、業界での評判が悪いのになぜか生き残る人はこの類です。

こんな状況の中、一部の企業は「優秀な人材が確保しやすくなった」と喜んでいるようですが、とんでもない人を抱え込むリスクもひろがっていることには、意外と気づいていません。

◇国会図書館は便利なところ

「パパどうしたの？」でお話しした国会図書館についてもう少しお話しさせていただき

ます。この図書館は18歳以上であれば、だれでも使う権利があり、たぶん日本で一番資料、蔵書の多い図書館です。ただ、場所や資料の探し方を知らないだけで「食わず嫌い」を決め込んで足を踏み入れてない人も多いと思います。私もその一人でした。もともと勉強が嫌いで、図書館は寝るところだったのですが……。

まず、場所ですが以前お話したとおり国会議事堂の隣にあり、若干交通の便が悪いです。地下鉄の永田町や国会議事堂前の近辺から歩くことになります。しばらく歩くと大きな建物が見えてきます。本館と新館があり出版されて日が浅いものはともかく日本中のありとあらゆる本が網羅されています。

まず、新館側から入って入館手続きをします。係りの人が必ずおりますので、聞きながらやってください。手続きは意外と簡単です。

普通の図書館と違うのは、入館の際に必要なもの以外はロッカーに預けることです。PCやノート、筆記用具は持ち込めますが、オーディオ（iPodなど）機器はダメです。もし何か書きものをしたいなら、閲覧室に直行してください。閲覧室には、PC用の電源があるところもあります。また机がとても大きいので隣の人は気になりません。

もし、本を閲覧したいと思ったら検索が必要です。ＯＰＡＣ端末というのがあり、これで資料や本を検索します。この検索方法はやや癖があり、見つけるための検索セミナーもありますが、検索端末のそばには図書館の人がたくさんいて、手をあげるとすぐ教えてくださいます。これはとても便利です。ヘタなファミレスのおねえちゃんより、愛想もよく親切です。この手続きを経て、読みたい本を指定すると、本館、新館にある受け渡し場所で待つことになります。大きなスクリーンがあって、そこにあなたのカードの番号が表示されたら本を受け取れます。この間約15分くらいでしょうか。もちろん待ち時間中にほかの部屋に行ったり、閲覧室で作業をしておくことも可能です。

本のほか、新聞の閲覧等も別のところでできます。私もそれほど詳しくありませんが、検索のコツとノウハウをつかめばほとんどの資料はここでそろうようです。実際、論文を書く人、ジャーナリストなどの多くの人がここを訪れています。本の館外貸出しはされていませんので、閲覧できないということは、めったにありません。ほとんどの出版社が発刊した本を所蔵していますので、かなりの数です。私は使っていませんが古書や地図も豊富にあるとのこと。とても広いので散歩するにも十分です。

国会図書館は便利なところ
国立国会図書館
閲覧の手続きなど多少ややこしいですが
この手続きはー
手続き
手をあげるとすぐに職員さんが教えてくれます
食堂・喫茶室もとても感じがよく、値段もリーズナブル
食堂もけっこうゆったりしてる
満18歳以上であればどなたでも利用できますので
珍しい本もありますよー
○○大全
ぜひ一度ご活用を！

また、映像、音源の資料室もあって、かなりのメディア関連資料がそろっています。これも原則、持ち出しはできませんのでここで請求して利用するわけです。種類は充実しています。

もし必要な資料や、本の一部をコピーしたければそのサービスもあります。これも手続きがちょっと大変ですが、とてもわかりやすく説明してくれるのでご安心を。

このように慣れれば慣れるほど便利ではまっていくと思います。一時国立のマンガ資料館のような施設を作るという話がありましたが、国会図書館並みのサービスであればそれはそれですばらしいかな、とは思います。とはいえ、マンガ喫茶のように長っ尻の人を避ける工夫が必要でしょうね。

施設は地味ですがとてもきれいで、食堂、喫茶室もとても感じがよく値段もリーズナブルです。食堂では持ってきたお弁当を食べられる場所もあり、なかなかのものです。携帯電話がかけられるコーナーもいろいろなところに設置してあり、喫煙ルームもあります。廊下にはイスも結構な数が置いてあって、休憩している人をよく見かけます。

国会図書館に限らず、区役所や公共施設の食堂は、とても安くて便利なことが多いのでぜひ利用してみてください。いつも混んでいるコーヒーショップやファミレスよりずっと経済的です。

国が準備したものは皆さん利用する権利があるわけですから、ぜひ一度ご活用を！

◇健康は大事です

会社を辞めた直後に体調を崩す人がなぜか多いそうです。当然激務に携わってきたわけですから、疲れが一気に出てそこかしこにガタが出て当然だと思います。われわれの業界で多い病気は、まず「腰痛」、これは馬鹿にできません。ヘルニアや坐骨神経痛が持病という人は大勢います。特に長時間座る仕事はよくないのです。これで半身不随に近い状態まで追い込まれたりする人もいますので、十分注意と治療が必要です。これについてはいろいろな治療を経験しました。鍼灸、カイロプラクティック、体操など。実際に椎間板ヘルニアになって1カ月ほど寝込んだこともありましたが、私自身が学んだ大きなポイントは「体を動かすこと」です。結局関節や筋肉を動かして柔らかくすることが一番大事だと思います。マッサージ、鍼灸は対症療法として私自身にとっても有効でしたが、それですべては解決しません。ある整形外科の先生に言われたのですが「筋肉が最も有効な自然のコルセット」だということらしいです。

腹筋などは三日坊主になってしまうかもしれませんが、まずなるべく歩くこと。筋肉疲労を恐れないこと。これが大事だと思います。人によって過去のスポーツ歴が異なると思いますが、昔やっていたスポーツを再開されるのもいいのではないかと思います。ぜひお試しください。それがラグビーだったり、激しいスポーツであったらそれに準じたものでもいいのではないでしょうか？　自身の経験からいうと、ゴルフはダイエットの役にはまったくたちませんでしたし、スポーツクラブでコマネズミのようにランニングマシーンに乗っているのはどうも駄目でした。

ただ、効果が出始めるととても嬉しくなるのは、事実です。あっという間に癖がついて、走らないと眠れないとか、そういう感じになると思います。私のまわりではマラソンがブームです。

次に多いのが「脂肪肝」です。実は私も簡単になってしまいました。少しお酒を続けて飲んだりすると意外と簡単になってしまう病気で、逆に、なるとなかなか治りません。生活を変える必要があります。これを解消するためには、食生活の改善が有効ですが、付き合いだなんだと夜が続く人にはかなり難しいと思います。そうすると、また同じ結論になってしまいますが、「運動」です。会社を辞めた直後はなぜか運動をしなくなり、腰痛も悪化、体重、血糖値も増えるという最悪の事態に陥るのが普通です。私も例外ではありません。

知らないうちに、クビになったことのショックがじわじわと自分の心と体を蝕むわけです。「暇になったから、さあ、遊ぶぞ!」と言っても学校をサボって公園に一人ポツンといるのと一緒で楽しくありません。あるいはお子さんにばれないようにせっせと図書館通いをせざるをえない人もいるわけですから、理想と現実は違います。しまいには被害妄想気味になって「自分は社会の厄介者じゃないか?」なんてことも考えます。こうなってくるともう落ちるところまで、落ちるしかありません。

日本の社会は失業者に対してはまだまだ冷たいのです。知らず知らずのうちに肩身のせまい思いをして、そのうちに心を病むというケースが多くみられます。また、その過程でもう一つ直面するのが、「自分だけ就職できないショック」です。まわりの部下や同僚が次々職を決めてゆく過程で、疎外感がひろがっていきます。そんなときの追い込まれ方は、まさに30代の女性がまわりの友人の結婚を表面上祝福しつつ、自身を「負け組」と位置づけ思い悩む様とそっくりです。どんなに自信のあった人でもかなりまいってくるようです。

ある友人が過去に1年近く離職していた際に、もうどんな仕事でもいいから職につきたいと思ったそうですが、6カ月を過ぎるとそんな気持ちになってくるのも当然だと思います。

「健康が大事」というのは体だけでなく、心の健康も大事だということです。心の健康に関してはいろいろな本も出ていますし、「鬱」という病気がひろく認知されるようになっていますので、専門の方のご意見にもの申したり、つけ加えるつもりはありません。

ただ私も仕事の過程で何度も追い込まれて、世間でいうところの「鬱」の症状に近いものを何度も経験しましたので、そういった状況にどう対処すべきか、という部分だけ一言お話しさせていただきます。

そういった状況で一番の救いになったのは、「何かに集中してほかのことを忘れる時間を多く作る」ことです。それが勉強でも、趣味でも何でも構いません。集中してしばし忘れる。これがとても大事でした。この時間が長ければ長いほど、自分を危ない状況に追い込むリスクは減ります。もちろん、そんなに簡単にできないことはわかっていますが、まず、努力することでしょう。会社人間になる過程でいろいろなものを捨ててきたり、ダメにしていると思いますが、それを一つひとつ拾ってみてはいかがでしょうか？　ある人にとっては、それがスポーツであったり、また、ある人にとっては音楽、料理、園芸、いろいろなものが出てくると思います。無趣味を決め込んでいる人でも必ず何かあると思います。

一方、まったく新しい世界に挑戦する人がいてもいいと思います。これは、それなりに努力と勇気がいりますが、とても有効な手段だと思います。

再就職は「こころとからだの健康」があって初めて成功するものだと思います。また、私の知り合いで若くしてがんに侵され、帰らぬ人となった方、また過労から突然の心不全でこの世をさった友人もおります。まことに残念ですが私自身もそういった人とは紙一重の人生かもしれません。したがってそういう人たちのためにもコツコツと現在の人生を歩む必要があり、自分を大事にしていくことがその人達へのはなむけになると思います。

第6章　明日を目指してがんばろう！

悲劇の中で将来を考えていくと、転職時に考えていた思惑との大きなギャップに愕然とする今日このごろですが、そうは言っても前に進まなくてはいけません。

◇真剣に見直すライフプラン

「外資系に入ったら日本の企業のように社会的地位は得られないかもしれないけど、金銭的にはウハウハ」、そんなことをやっかみ半分で考えていませんか？　実はこれには条件があります。「よい時代に大きく値上がりしたストックオプションをもらっていれば」です。

給料は現金以外にも上乗せ部分があります。かつてはストックオプションという形で支給されるケースが多かったのですが、会社創設時に入った人たちで、長く1社にいる人はかなりこの恩恵を受けています。もらった株が10倍になったなんていうことはざらでしたので、そういう人は左うちわかもしれませんが、ごく一部の人です。一方、このストックオプションは紙くずにもなりかねないのです。倒産したリーマン・ブラザースの株がいい例です。このへんで相当の運、不運があるわけです。

いずれにせよ、ここ10年くらいで外資系に転職した人達のお財布事情は決して裕福ではありませんし、過去において（不幸にしてと敢えて申し上げますが）成功をおさめられなかった人達もお財布事情は厳しいでしょう。特に、日本の企業はそこそこ勤め上げた、という人たちにとても優しい制度を持っていますので、この差はてきめんです。

まず、私も自分の現在の預貯金、不動産の状況について再度調べなおしました。みなさんもおやりになると愕然とすると思いますが、「お付き合い」で買った投資信託や、株、保険の多いこと多いこと。また、口座もばらばらでわかりにくくなっていました。金融の仕事をしていてもこうですから、一般の方であるともっと大変だと思います。

調べてみて思ったのですが、「意外と多かった」ならよいのですが、不思議なことに「こんなに少ないの！」というのが結果です。なぜでしょうね？　私の場合株式や投資信託の損失よりも、外貨預金の被害が甚大でした。通貨によっては価値がピーク時の半分になっているものもありますし、投資信託や株式は自分でリスクを認識して買っていますが、外貨預金の為替リスクなんて意識してませんよね。調べてみて「もっと稼がなくっちゃ」というのが結論ですが、私の友人の場合、不動産投資をやっている人が結構いるので、事情は厳しそうです。賃貸収入がきちんと入ってくる物件を持っていればいいのですが、家賃は入らないわ管理費は出ていくわ、だとかなり厳しい状況に追い込まれているはずです。

「財産」の把握が終わったら次は「収支」です。お金の出入りです。これは、知り合いのファイナンシャルプランナーの方に基本的な作業を教わりましたが、みなさんも簡単に算出できますのでどうぞお試しください。

サラリーマンの出費なんて大体同じようなものですから、以下簡単に計算の仕方をお話しします。

まず、収入は当然給料ですので、ここはブランクにしておいて費用から「いくらないとやっていけないか?」という計算をするようにします。つまり、費用をまかなうだけ実入りがあればいいということになります。

まず、出費の第一はローン、ほとんどの方が住宅ローンだと思います。次に教育費です。お子様にいくらかかっているかわかりますか? 奥様に聞いてみてください。びっくりするくらいかかってますよ。この時点でふだん「いいよいいよ」と言っている「学習塾」「おけいこごと」がいかに家計を圧迫しているかがわかります。これは年間ベースで逆算してもいいかもしれません。その次は生活費です。これは細かくやるよりも毎月の生活費を預金通帳からざっくり調べてみたらいかがでしょう。その時に気づかれるのが、クレジットカードの怖さです。「なんで、こんなに使っているの？」というくらい使っているケースがあります。また、このときに保険料、積立年金など自分の意思で自動引き落としになっているものも見落とさずに。不動産をお持ちの方は固定資産税も結構馬鹿にならないので気をつけてください。第一段階はこんな感じです。

（費用項目）

1. 住宅ローン（ボーナス払いも忘れずに）
2. 教育費
3. 生活費全般（預金通帳、クレジットカードの支払いなどからおおまかに）
4. 固定資産税等定期的な支払い
5. 保険料、積立関係

これらの項目を表計算ソフトのシートにでも入れて計算すると、合計金額=毎月受け取るべき給料となります。当り前のようで意外にやっていないんですよ。こういう計算って。

ここまでが、「俺は毎月いくら稼がないとダメなんだ?」ということの把握をするための計算です。同時に自分の無駄遣いを知ることができるのでおすすめの作業です。私がびっくりしたのは、携帯電話とインターネット、ケーブルテレビ関係の出費が意外と大きいことです。NTTにいかにご奉仕していたかが、よくわかりました。

次の作業は今後の収入が厳しい場合の「緊急シナリオ」です。将来の収入を見る場合、必ず直面するのが「年金」です。いったい私は年金をいくらもらえるのでしょうか?　この非常に難解な命題を解くヒントは「ねんきん定期便」です。国の年金はこれでほぼ支給額がわかります。これに「企業年金」部分を追加するわけです。これは会社によって違いますし、私のように日本の企業を途中退社するとたいていの場合、国の年金だけになってしまいます。前にお話しした「キリギリスくんの悲劇」なわけです。

ここで登場するのが、先ほど調べた預貯金、証券投資の残高です。これがあなたの将来を左右するわけです。もしあなたの会社の企業年金がたいしたことなかったり、もうアウトになっていたりすると、今あなたの手元にある預貯金は「将来の年金原資」なんです。自分の金であって自分の金ではない、ということになります。つまり生活費を賄えない部分の赤字をこの預貯金で補っていくわけです。これが、精神的に耐えられない部分です。日本人のだれもが将来に「恐怖」を感じる瞬間です。でも、安心してくださ い。私の知り合いのファイナンシャルプランナーの方が「誰でも長生きすると赤字になるようにできてますから、あまり気にしないで」となぐさめてくれました。よほどの億万長者か年金長者でない限り、厳しいということです。

もう少し精緻にやるとしたら、将来の生活費などの出費はだんだん少なくなるわけですが、ここまで考えると気が狂いそうになるので、やめておきました。結論としては、「もっと稼がなくちゃ」ということと、「出費を抑えるしかない」ということです。どなたでもそうですが、生活水準を落としてくれとご家族に話をするのは、なかなかプライドがゆるさないようです。でも、このへんを共有しないといけませんね。本当は教育費を削るのが一番です。でも「教育は財産」という風潮がそれを許しません。

計算の過程で唖然としたことがあります。年金の支給が実質65歳以降であること、そして金額が少ないため「ハッピーリタイアメント」はありえないということです。ひそかな野望として、ある程度働いたら海外で暮らそうかな、なんて考えていたのですが、こりゃ厳しい！　厳しい！　年金もらうまでは出稼ぎ労働者でもやってみるか、なんて考えもしましたが、現実的ではありません。

結論としては「まじめに就職活動をしよう」「譲れない給与水準はプライドとは関係なく確保しよう」「生活の無駄を省こう」です。最後の「生活の無駄」でいえば、豪華旅行、外車なんてご法度です！

そんなことを考えながら、日中に町中を歩いていると「富の偏在」を実感することがあります。一部を除いてお年寄りは裕福です。「つましく年金暮らし」という言い方をしている人もいますが、「夫婦でクルーズ」とか「前から欲しかった高級品をやっと買った」とか結構羽振りがいいものです。知りあいのレストランのオーナーの人に聞くとすでに年金をもらっている世代の羽振りはいいのですが、いわゆる団塊の世代の人はケチらしいです。倹約の精神が染み付いているんじゃないかとその人は言っていました。

ちなみにレストラン関係のターゲットは（特に高級なレストランは）、高齢者の方ではないそうです。理由は簡単、あまり食べないから。たしかにそうですね。ライフプランの見直しをして少し悲しくなりました。現実がいかに厳しいかを思い知ったわけです。でも仕方ありません。正直に自分を見つめていくしかないですもんね。

◇早い引退、本当にいいのか悪いのか？

外資系でよく聞かれる言葉に「アーリーリタイアメント（早い時期の引退）」があります。実際に私の知り合いの何人かは、それを実行していますが、これが本当に幸せなのかどうかは私にはわかりません。ある人の事例をお話しします。

Makioさんはある外資系証券会社でディーラーとしてならしており、それこそ1年間にあげる利益は「何十億」という時期もあったようです。給料もわれわれの想像を超えた世界でしたが、こういう世界でずっと勝ち続ける人はほとんどいません。彼も40の声を聞かずして「引退」せざるをえなくなったそうです。ただ、引退に際し、それなりの資産を築いていたので「毎日遊べる」感覚で引退したのですが、毎日好きなゴルフをやってもそのうち飽きる、ほかに楽しみもない、ということで個人事務所を開いて事業に出資するなど「資金の運用」を始めたらしいのですが、これがアダとなってせっかく稼いだ資金の半分がふっとび、結局また働くはめに陥ったそうです。ただ、「かつての名うてのディーラー」も40過ぎてしまっては、もう同じ就職口はありません。一流の野球選手が30代で引退して、40代になって再デビューしたいといっているようなものです。

結局彼はボランティアに近いようなNPOで仕事を見つけて現在の日々を送っているようです。また、この「損をした」という部分は政治に金を使ったとか、女性関係に金を使ったとか、いろいろなバリエーションはありますが、概して「遊ぶのも飽きちゃった」とうそぶいて仕事に戻ってくるケースが多いようです。

欧米の人の場合、農場を買ってカウボーイになったり、音楽家になったりで、まったく違う、以前からやりたかった道に進む人がいます。そういう第二の人生だったらいいな、と思うのですがなぜか、日本人はそういうのが苦手なようです。Makio さんのよ

Makioさんは
ある外資系
証券会社で
ディラーとして
チョロイよ！
何十億も利益を
あげている
時期がありました
しかし、
こういう世界で
勝ち続けられる人は
ほとんどいません
もうすぐ40歳
だし……そろそろ
引退するか
引退して、
個人事務所を開いて
資金の運用を
始めたけど
投資先、ミスったー
これがアダとなって
稼いだ資金の
半分がふっとびました
また働くことに
なったのですが
遊ぶのも
飽きちゃった
ガハハハハ
彼は、
こううそぶきます

うな人は本当に稀かもしれません。最近つくづく思うのは、第二の人生が長くなっているので自分の考え方（収入、社会的地位、自分の貢献度）のスイッチを早めに入れ替えて、まったく違う仕事を探すか、外国人がいうところの「ギア・ダウン（仕事のペースを落として低い地位でもいいから、ゆっくりできる仕事を探す）」が必要なのではないかと考えています。ただ、日本の場合、この間が極端でなかなか中間的な仕事がありません。最近少しずつ中高年のよさを生かした職場が増えているようですが、ぜひそういう機会をさらに増やしてほしいものです。

◇未来へ向けて

トホホな外資系金融機関生活から離れて、この先どうなるのか？　そんなことを毎日考える日々が続きましたが、一度その結界のような外資系ワールドから外れてしまえばしまうほど、その異常さと滑稽さが目についてきました。当然景気がよくなればまたお誘いもあるでしょうし、そういう世界でしか実力を発揮できない自分になってしまっているのは事実です。一度水商売から足を洗おうとしてまた舞い戻る、なんて表現がまさにぴったりなのかもしれません。

現実には、私は今さまざまな可能性を追求していこうと資格を取る勉強をしたり、普通の日本の会社の一般公募に応募したり、忙しく就職活動を続けています。一度染み込んでしまった外資系金融機関のカルチャー、習慣を修正して日本の会社に就職することは、なかなか並大抵のことではありませんが、がんばって活動を続けてゆきたいと思います。

現在の日本は、乱暴なようですが極端な例を除けば餓死するような状況にはないのではないか、と私は思います。もちろんネットカフェ難民や派遣村の話が一時期マスコミをにぎわしていましたが、一方で給与水準と条件をかなり落としてしまうと意外にも仕事がある。ということもいえるのではないか？　と私は考えています。

とはいえ、とりあえず自分を生かせる仕事を必死に探したうえで、自分の頭を切り替えるタイミングを探っている今、決断の難しさをひしひしと感じております。外資系をクビになった人に未来はないのか？　なんてあまり考えず、毎日前だけを向いて歩く自分を一生懸命評価しつつ、あまり悲観しないというのが、大事なことかな、と思っています。そんな就職の過程で海外脱出などの可能性もいろいろ探ってはみましたが、年金を受け取る段階での話はあってもなかなか財政面で問題なく「アーリーリタイアメント」というういまい話はころがっていませんでした。

まだまだ、未来は見えてませんが愚痴をこぼしながら、おにぎりを食って就職活動を続けていく日々を続けるしかありません。

ただ、15年近くの外資系勤務自体を後悔しているわけではありません。というより後悔しても仕方がないのであくまでも前向きに、かつ過去の反省を踏まえて。と、まるでできの悪い政治家のコメントのような発言になってしまいますが、そんなことを考えています。

実際、異常な世界なのはおわかりいただけたでしょうが、芸能界だって飲食業界だって、ある意味異常な世界ですから、なかなか比べられません。ただ、これからこの世界に飛び込もうとする人達にとっては、決してあこがれや収入だけで決断しないでほしい。というのが私からのメッセージです。どうか、この点をご理解いただきたいなと思います。

なお、読者のみさん。何かよい就職先があったら教えてください！

〈著者略歴〉
六本木　健（ろっぽんぎ　たけし）
国立有名大学卒業後、国内大手の金融機関に就職、証券関連業務に従事、海外勤務を経験。
その後、外資系金融機関に転職し数社で、営業、マーケティングの仕事を行ってきたが、2009年に外資系金融機関を退職。国内金融機関での業務経験に加え、米系、英系金融機関での業務経験を豊富に持ち、業界事情にも詳しい。

装丁：赤谷直宣
本文マンガ：ゆづきいづる

想像を絶する悲惨な現実がいっぱい！
外資系金融マンのリストラ日記

2010年3月8日　第1版第1刷発行

著　者　六本木健
発行者　安藤卓
発行所　株式会社ＰＨＰ研究所
東京本部　〒102-8331　東京都千代田区一番町21
ビジネス出版部　☎03-3239-6257（編集）
普及一部　☎03-3239-6233（販売）
京都本部　〒601-8411　京都市南区西九条北ノ内町11
PHP INTERFACE　http://www.php.co.jp/
組　版　朝日メディアインターナショナル株式会社
印刷所
製本所　図書印刷株式会社

ISBN978-4-569-77766-5

PHPの本

交渉にゼッタイ強くなる！

心理戦に負けない極意

藤田　忠
安藤雅旺　著

交渉ごとは常に心理戦。なだめ、すかしや脅しなど、心理的圧力は当たり前。本書はハーバード流交渉学をベースに負けない手法を解説。

定価五〇〇円
（本体四七六円）
税五％